Zitat aus dem Artikel: „Von der Akzeptanz des Rechts"
von Roman Herzog, BVerfG Richter a. D. (ohne Fußnoten).

Im gesellschaftlichen wie im politischen Leben werden Erscheinungen meist dann diskutiert, wenn sie beginnen nicht mehr selbstverständlich zu sein. Die Rechtswissenschaft macht davon keine Ausnahme.

Auch das Dioskurenpaar, Befehl und Zwang, sind keine zuverlässigen Garanten dieser Gesetzestreue, ganz abgesehen von der Frage, ob sie die wünschenswertesten sind.

Die geltende Rechtsordnung ist voller unerträglicher .... Kompliziertheiten, die auch in einer komplexen Gesellschaft nicht notwendig wären und ihre letzte Erklärung entweder in juristischen Griffelspitzereien oder im Perfektionstrieb politischer Instanzen (Gesetzes-Juristen) finden.

Ein Staat, der nicht einmal das Recht erreicht, was er selber vorgibt anzustreben, wird niemand wirklich ernst nehmen.

Das Recht besteht entweder in der gesellschaftlichen Realität - oder es besteht überhaupt nicht!!!

Das sogenannte „Grundgesetz" muss durch die „**Verfassung**" ersetzt werden, welches das Volk, Bürgermeister / herrschendes Kollegium (hK) ausarbeitet, siehe unten. Durch Volksentscheid der Wahlbeteiligten, Quorum: 2/3, müssen zustimmen, dann erlangt die Verfassung Gesetzeskraft. Teile der Verfassung können jederzeit geändert werden.

Die „Amerikanische Verfassung" war die Vorlage für die Weimarer Verfassung, welche als Grundprinzip das „Checks and Balances" System des Kongresses (Repräsentanten Haus und Senat) und Supreme Court hat. Der Präsident wird vom Volk direkt gewählt.

Jeder Staat ist ein Rechtsstaat. Die angebliche Unabhängigkeit der Richter von demokratischen Staaten ist natürlich dem System verpflichtet. Die Beweiswürdigung unterliegt der freien Überzeugung der Richter und dem vom Gericht bestellten oftmals zweifelhaften Gutachten. Die Folge ist: zu viele Menschen werden unschuldig finanziell ruiniert, eingesperrt oder exekutiert.

Das Parlament der Affen

© 2018 Max Justikus
Herstellung und Verlag:
BoD- Books on Demand, Norderstedt

ISBN: 978-3-7528-1239-8

Vorwort

Waffengleichheit ist das Gegenteil von Affengleichheit und die Unterschiede werden zum besseren Verständnis aufgezeigt. Die Waffengleichheit, Teil I des Buches beschreibt, dass der Bürger seine Rechte immer gegen den Einfluss der Affengleichheit, Teil II des Buches, verteidigen muss. Die Affengleichheit bedient sich vieler Hilfsmittel, um den Bürger einzuseifen. Dazu gehören selbstverständlich die Medienmacht als Schaumschläger und die öffentliche Gewalt unterteilt in Legislative, Judikative und Exekutive. Die Traumtänzer der Legislative haben großen Unterhaltungswert. Jedoch Unterhaltung gibt es nicht umsonst.
Gruppenbildungen werden immer unter Generalverdacht gestellt. Also währet den Anfängen.

Der Rechtsbegriff zwischen Bürger und Justiz ist unterschiedlich:
Der Bürger meint einen Vorteil, die Justiz sieht in dem
RECHT zuallererst eine **PFLICHT** des Bürgers !!!
Die sogenannten Ordnungen haben nichts mit Ordnung zu tun.

Die Trennung von Amt und Würde wird durch die Waffengleichheit verhindert, sonst könnte man gleich den Räuberhäuptling bzw. den Zuhälter zum Präsidenten machen. Eine Lehrerin, die sich in der Nacht als Nutte verkauft, würde von den Eltern nicht akzeptiert werden. Also wer das Amt beschmutzt, muss es zurückgeben. Dies gilt im privaten, wirtschaftlichen und politischen Bereich.

Was unter Waffengleichheit zu verstehen ist wird anschließend mittels Grundwerte Strukturen und Gesetzestexten erklärt.

Literaturhinweise: siehe Aktenzeichen aus Verfahren des Verfassers am Ende des Buches:
Der Verfasser empfiehlt zum besseren Verständnis zuerst das Kapitel Affengleichheit zu lesen, dann DER MENSCH – seine Identität um zum Schluss Waffengleichheit zu verstehen.

WAFFENGLEICHHEIT

Begriffserklärung „Waffengleichheit":
Der mündige Bürger übt jederzeit die Macht über das herrschende Kollegium (hK) aus „öffentliche Gewalt I-III":
Volksentscheid: Unmittelbare Gesetzgebung
Legislative I: Volksentscheid und hK ist Gesetzgeber.
Judikative II: Gerichtsbarkeit und der Rechtspfleger (Kammer)
Exekutive III: Ausführende Organe von I. / II, Po / Vw.
Medienmacht IV: Zerfrisst den Geist. Zerstört die Freiheit.
Plutokratie muss verhindert werden!

Schichtenmodell

Es gibt nur ZWEI Schichten! Die Oberschicht (Bürgermeister Kollegium / öffentliche Gewalt) und das Volk mit Bürgermeister als Unterschicht, Gesetzgebende Macht. Macht und Gewalt sind 2 Seiten einer Medaille. Und so geht das!

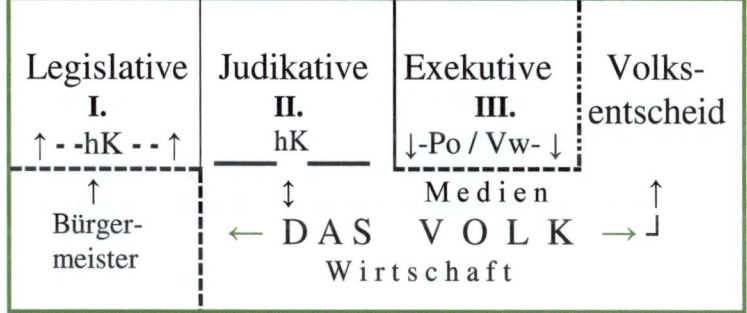

Das <u>Machtmonopol</u> besitzt die Unterschicht, also der Bürger der den Bürgermeister wählt.

Wahlberechtigt ist jeder Bürger der in der Wählerliste eingetragen ist, aktives Wahlrecht. Er muss unbescholten sein. Auskunft gibt das Meldeamt. In der Wählerliste sind nur die Bürger eingetragen, die an der letzen Wahl teilnahmen. Sie ist im Gemeindeamt ausgelegt. Ergänzung erfolgt nur durch persönliches Erscheinen spätestens 3 Monate vor dem Wahltermin. Dies gilt auch für Erstwähler, Alter > 18 Jahre.
Die Briefwahl kann nur der beantragen, der physikalisch verhindert ist an der Wahl vor Ort teilzunehmen. Ansonsten besteht die Gefahr der Beeinflussung der Stimmabgabe durch das soziale Umfeld. Jeder wahlberechtigte Bürger (Wählerliste) der an der geheimen Wahl teilnimmt, wählt sich den Bürgermeister vor Ort (passives Wahlrecht, 50% der gültigen Stimmen, eventuell Stichwahl).

Die Bundes- und Ländergesetzgebung erfolgt durch Bürgermeister – Entscheid, dem sogenannten Bürgermeister Kollegium oder Volksentscheid Damit wird die Blockierung der Gesetzgebung durch Gruppeninteressen verhindert. Der Bundespräsident wird durch Volksentscheid gewählt. Mittels eines Katastrophenfond (max. 2% des Jahresbudget) kann der Präsident zerstörte Infrastrukturen wieder unbürokratisch aufbauen lassen. Rechtsbeugungskosten durch Kanzler oder Minister (siehe Affengleichheit) werden durch den Präsidenten minimiert. Nach seiner Amtsperiode kann seine Amtsführung

durch das Verfassungsgericht auf Gesetzestreue überprüft werden.
Interessierte Bürger brauchen keine Wahlwerbung von Parteien. Nur desinteressierte Bürger lassen sich von den Medien in die Irre führen. Der Spruch „Währet den Anfängen" dient nur dazu durch die Politik selbst verursachte Probleme zu verschleiern.

Die öffentliche Gewalt I – III wird durch das herrschende Kollegium (hK) im Sinne des Bürgers gesteuert. Sie hat ihre Dienste durch Polizei (Po) und Verwaltung (Vw) für den Bürger einzubringen. Das Subsidiaritätsprinzip heißt Waffengleichheit. Der Bürger muss die Gesetze ertragen, die er selbst wesentlich verfasst hat. Keine Entmündigung durch Petitionen. Der Bürger hat es nicht nötig Bittgesuche an die Gewalt zu stellen.

Jede „Interessensgemeinschaft, auch Volk genannt, braucht eine GESELLSCHAFTSPHILOSOPHIE", auch System genannt, zum Zweck eines geordneten Zusammenlebens. Die Freiheit des Bürgers ist zuallererst die materielle Freiheit und nicht die Redefreiheit, siehe dazu unten Medien. Solange das System ihm erlaubt, die durch seine Arbeit geschaffene produktive Wertschöpfung zu einem angemessenen Teil für seinen Lebensunterhalt zu verwenden, ist er zufrieden. Er sucht nicht aus Prinzip Streit mit seinen Herren, denn der Bürger selber ist sein Gesetzgeber.

Die „RECHTSPHILOSOPHIE" ist die Waffengleichheit und nicht die herkömmliche Jurisprudenz, Jurisdogmatik, Die Rechtsprechung ist an den Gesetzestext gebunden, welcher den Lebenssachverhalt zutreffend beschreibt. Sogenannte Generalklauseln, wie „Kann- Sollbestimmungen", Treu und Glauben, Wichtiger Grund, Billigkeit, (BGB, kein Weisungsrecht für Mandatskündigung, schützt den WEG-Verwalter (da er fast immer mehr als 50% der allgemeinen Vollmachten hat, macht der Verwalter aus dem WEG ein Ermächtigungsgesetz, ähnlich dem aus 1933), siehe SGB neu) sind zu vermeiden. Die BRAO muss grundlegend geändert oder abgeschafft werden.

Die Verfassung beinhaltet die „Grundwerte" und dies sind: Schutz von Leben und Eigentum, Reisefreiheit, Wahlrecht sowie ordentliche Gerichte, Verwaltungsgerichte, Sozialgerichte, etc. Diese Grundwerte können niemals von einem System eingeschränkt werden. Sie sind vor der Mehrheitswillkür (Gesetzgebung / Gemeinschaften) geschützt. (Unantastbarkeit der Grundwerte).

Die Grundrechte der Affengleichheit können keinen Bestand haben, wie ausschmückende Gesetzestexte: „Die Würde des Menschen ist unantastbar" a. F. Grundgesetz (Art. 1 GG). Da nützt auch Art. 19 GG nichts: Der ordentliche Rechtsweg ist gegeben. Mittels des Streitwertes wird der Anwaltszwang bestimmt. Der Rechtssuchende wird durch die Generalklausel „Wichtiger Grund" des verpflichteten, bevollmächtigten Anwalts, genannt Weisungsrecht, entmündigt. Die Würde des Menschen wird mit Füßen getreten. Ähnlicher Unsinn ist in Art

14 GG niedergeschrieben: Eigentum verpflichtet. Gemeint ist hier soziale Bedürfnisse zu befriedigen. Die sogenannte Unabhängigkeit der Richter Art. 97 GG ist eine Farce. Ein besonderes Privileg ist die Belassung des vollen Gehaltes auch wenn Richter rückgestuft werden (einmal Richter, immer Richter). Dies ist die soziale Hängematte der oberen herrschenden Klasse. Das GG hat viele ähnliche Privilegien bestimmter Gruppen. Solchen Unsinn verhindert die Waffengleichheit. Wenn die Repräsentanten von Bund und Ländern nicht fähig sind die Grundrechte durchzusetzen so haben die Deutschen das Recht zum Widerstand (Art. 20 IV GG), entspricht Aufruf zum Bürgerkrieg. Die Democrazy entmündigt sich selbst.

Die Umverteilung finanzieller Mittel zwischen den Ländern erfolgt ab 2020 über die USt Anteile durch Zu- und Abschläge, Art. 106 Abs. 3 GG. Damit wird der frühere Länderfinanzausgleich (LFA) ersetzt, der gleiche Lebensbedingungen in den Ländern schaffen sollte, Art 107 Abs. 2 Satz 1 GG. Eine besonders perfide Art des Selbstzweckes sind die Hebesätze von Land und Gemeinden, Art. 28 GG bzw. Art. 28 Abs. 2 GG. Die Hebesätze sind durch Willkür bestimmte Steuern wie: Gewerbe-, Grundsteuern, etc., Zusatzbeitrag an Krankenversicherung von 0% bis über 3%, Zusatzbeitrag für Kinderlose jetzt 3,3%. Damit werden schlechte Verwaltungen unterstützt.

GVG vernebelt den Einblick in die Gesetze, dafür wird die Unabhängigkeit der richterlichen Gewalt, die nur den Gesetzen unterworfen ist angepriesen. Jeder kann wissen, dass sich ein

Pudding nicht schneiden lässt und der Rechtsbeugungs-§ 339 StGB keine Anwendung finden kann (Schein-§).

Die Waffengleichheit beamtet Richter für zwei Wahlperioden. Danach müssen sie für eine Wahlperiode aussetzen. Die Waffengleichheit verbietet den Anwaltszwang von natürlichen Personen vor Gericht. Die Einschränkung der Grundwerte ist ausgeschlossen. Infrastruktur Maßnahmen durch den Staat sind auf Basis des Verkehrswertes mittels Rechtsgeschäft durchzuführen. Der Wert des Eigentums bleibt erhalten.
Mittels der Waffengleichheit werden die Systeme des Selbstzweckes beseitigt, welche ihre Macht früher durch Waffengewalt festigen konnten. Heutzutage wird der Psychoterror verwendet, um jedes Aufbegehren zu unterdrücken, siehe dazu Meinungsfreiheit mit Maulkorb (unten die NICHT – Gesellschaft). Die Repräsentanten der Demokratie schützen den dummen Bürger vor sich selbst mittels Drohungen aus dem Asservatenkeller, wie: ohne Teufel kein Gott, ohne Diktatur keine Demokratie, ohne Dieb keinen Gerechten. Die Guten erfinden immer die passende Schlechtigkeit, je schlechter, umso besser.
Die Waffengleichheit kann solchen Unsinn frühzeitig beseitigen, bevor die sogenannte Systemstarre sich verfestigt, weil jeder Verlust von Pfründen schmerzhaft ist. Letztes Mittel ist die Anwendung von Waffengewalt, schreibt Jefferson, Präsident a. D. der USA. Kein System darf über Leben und Tod richten: **keine Todesstrafe, keine Index-Liste über Bücher!**

Verbot der Anwendung von Angriffswaffen gegen Demonstranten wie: Wasserwerfern, Gummigeschossen, etc. Nur Eigenschutz der Polizisten ist erlaubt wie: Pfefferspray, Gummiknüppel, Schusswaffen zum eigenen Schutz, etc. Die Polizei schützt nicht das herrschende System. Der mündige Bürger bestimmt das herrschende System durch freie Wahlen.

Die UNO ist das Ergebnis der Siegermächte des II Weltkrieges. Drohen die Streitereien aus dem Ruder zu laufen, kommen die eher hilflosen und schlecht ausgebildeten Blauhelme zum Einsatz. Dann wird ein anderes Problem geschaffen, nämlich die Prostitution und Verbreitung von Krankheiten.

Es ist daher erste Pflicht eines Systems, die Bürger über die Grundwerte der Bundes-Verfassung (BVerf) zu informieren, die durch folgende Präambel / Ansprüche beschrieben sind:
Präambel: Die Präambel beschreibt den Lebenssachverhalt allgemein ohne ausschmückende Floskeln, wie die Würde des Menschen ist unantastbar, sind unerwünscht. Die BVerf ist der Gerechtigkeit verpflichtet, um eine willkürliche Machtausübung der Gesetzgeber zu verhindern. Das BVerfG überwacht die Gesetzgebung von sich aus und mahnt den Gesetzgeber bei Gefahr im Verzug betreffend Verletzung der Verfassung. Damit wird verhindert, dass die Gesetzte mit ausschmückenden, nichtssagenden Texten überladen werden. Die beliebige Auslegung des Gesetzestextes durch die Willkür der Richter wird verhindert, wie z. B.: „Aus geschöpfter Überzeugung" oder „Beweiswürdigung nach freier Überzeugung", etc.

Anspruch auf Leben (Arbeit, intakte Umwelt für Natur und Kinder, Verbot der gleichgeschlechtlichen Eltern (EHE), damit Schutzbefohlene durch Perversion der Eltern keinen Schaden erleiden); Das Geschlecht des Kindes wird bei der Geburt in die Geburtsurkunde als „männlich bzw. weiblich" eingetragen oder unbestimmt bei Vorhandensein einer Missbildung. Keine Verwendung von Anglizismen wie inter bzw. diverse. Gleiches steht im Pass. Die von Natur aus gegebenen Lebensgrundlagen / Prinzipien dürfen nicht durch irregeführtes, soziales Verhalten der Affengleichheit zerstört werden. Die fehlgeleiteten Individuen werden therapiert. Anspruch auf soziale Mindestversorgung und charakterbezogene Menschenwürde (Anstand der Menschen) zum Unterschied der juristischen Menschenwürde mit medienbestimmter gesellschaftlicher Missachtung (Affengleichheit), siehe Tocqueville unten).

Anspruch auf Freiheit (selektive Niederlassungs-, Reise-, Religions-, Gruppenbildungs-Freiheit).

Anspruch auf Eigentum (Erwerb durch eigene Schaffenskraft; Schutz vor indirekten Abgaben ohne Eigennutz, etc.) Keine Erzwingung von Vollmachten durch Anwälte, Rechtsgeschäfte mit Kontoeinzug, etc, (keine Entmündigung des Bürgers). Keine Regulierungsvollmachten an Versicherungen (Kfz, Krankenversicherung, etc.). Verbot der Kumulierung von Vollmachten für Abstimmungen und damit Verhinderung von Ermächtigung der Verwalter, siehe Az. WEG unten. Verbot von Entlastungen von Verwaltern, Vorständen, etc. Einzelfall - Entscheidungen gelten für alle zukünftig Betroffenen. Die Musterfeststellungsklage (Sammelklage) wegen Überschreitung von Grenzwerten ist nur die Einstiegsdroge, um juristische

Streitigkeiten anzustoßen und dient als Arbeitsbeschaffungsmaßnahme der Anwaltschaften.

Anspruch auf gesetzestreue, unparteiische Richter, keine Schöffen oder Geschworene. Die Beeidigung der Richter und sonstiger Staatsbedienstete ist verboten. Erkenntnisse bzw. Urteilsgründe müssen mit Angabe der Artikel der BVerf bzw. Gesetzes-§ gekennzeichnet sein. Keine Verwendung von Generalklauseln, wie aus „Sicht des Gerichtes", Geschöpfte Überzeugung, Treu und Glauben, etc. Natürliche Personen (Angeklagte, Kläger, Beklagte) haben vor Gericht Anspruch auf geschlechtsgleiche Richter. Geschlechtsspezifischer Frust darf nicht zur Diskriminierung der Rechtssuchenden führen. Selbstverständlichkeiten, wie rechtliches Gehör, bedürfen keines Artikels in der BVerf, siehe Art. 103 GG. Jede abgelehnte Beschwerde, auch die vorgelegte Beschwerde an den Senat des Verfassungsgerichtes muss begründet werden. Die Affengleichheit macht das nicht, siehe Juristische Personen siehe unten.

Keine rechtswirksamen Verjährungsfristen

Maximale Verfahrensdauer von 2 Jahren.

Bürgerbeschwerden werden mittels Volksanwaltschaften verfolgt.

Beamte müssen ihre Mitgliedschaft in Geheimbünden offen legen. Dies gilt auch, wenn diese bereits pensioniert sind.

Weitere Grundwerte der Bundesverfassung sollen angefügt werden!!!

Es gilt das Prinzip: gleiches Recht für alle, aber nicht Gleichmacherei (Quotenregelung), denn Gleichmacherei führt zu Rassmischmus. Das verbietet Gesetze zur Minderheitenbevorzugung, ähnlich dem USA „Affirmative Act" § 209 (Quotenregelung an Unis, Öffentlichen Dienst, etc.) aus den siebziger, achtziger Jahren. Der „Affirmative Act" wurde in Kalifornien (USA) per Volksentscheid 1997 abgeschafft.

Das sogenannte Gleichbehandlungsgesetz (AGG) der Affengleichheit bevorzugt politische, religiöse Minderheiten die ihren Egoismus auf Kosten der bürgerlichen Gesellschaft ausleben wollen und verhindert damit eine Streitkultur für Freiheit des Denkens. Unter dem Mäntelchen der Gutmenschen verbergen sich die NGO und Metoo Bewegung., etc. Wissend, dass die Filmwirtschaft und Journaille keine Industrie ist bestenfalls eine Branche bzw. Gewerbezweig, die mittels der Sex Ausbeutung von den Gaffern viel Geld macht und dadurch bekommen die Metoo Geschädigten viele Millionen ab. Das Volk soll sich die Branche privatrechtlich selber organisieren, Kunst, Theater, Sport, etc. Die Freiheit muss Anfeindungen ertragen. Das sogenannte „Home Office" und Tragen von Masken in den Schulen zerstört den sozialen Kontakt der Kinder.

Die Art der Grundwerte der BVerf machen das AGG überflüssig. Beschwerden bei Verletzungen der Grundwerte sind an das BVerfG zu richten. Sollte das BVerfG Erkenntnis feststellen, dass Artikel verletzt wurden, so sind Klagen gemäß SGB bei wiederholten, psychischen grob fahrlässigen Vergehen (Schadensersatz) einzulegen oder bei physikalischen Angriffen ist Klage oder Anzeige zu stellen. Damit soll auch eine unnötige Gesetzesflut eingedämmt werden.

Zitat des Tacitus: Je verdorbener der Staat, desto mehr Gesetze hat er!

Zitat von Montesquieu: Es ist nicht Recht weil es Gesetz ist, sondern Gesetz weil es Recht ist.

Zitat von Herzog (Bundespräsident a. D.): Das Recht besteht entweder in der gesellschaftlichen Realität oder es besteht überhaupt nicht.

Buchtitel: "Freiheit und Verantwortung im Verfassungsstaat" 1984; „Von der Akzeptanz des Rechtes" von Herzog, Bundespräsident a. D. von Deutschland.

Im gesellschaftlichen wie im politischen Leben werden Erscheinungen meist dann diskutiert, wenn sie beginnen, nicht mehr selbstverständlich zu sein. Die Rechtswissenschaft macht da keine Ausnahme. Laut Herzog sollte ein Ruck durch die Gesellschaft gehen. Diesen Ruck kann nur die Waffengleichheit durchsetzen. Judikative und Exekutive sind die ausführenden Organe. Der Normalbürger verspürt den Ruck schon seit Anfang der 90er Jahre durch die Globalisierung, dies ist Herzog wohl entgangen. Erstaunlich ist, das Herzog die Facharbeiter zum Kreis der Reichen zählt.

Die Juristen selber sind mehr auf die Gesetzesverletzung als auf ihre Befolgung orientiert. Kein Wunder, kann man damit doch eine Menge Geld machen (siehe unten Einzelfallentscheidung und Rechtsunsicherheit).

Ohne die freiwillige Beachtung der Gesetze durch die Bürger kommt kein Staat aus. Wenn nicht die überwältigende Zahl dazu bereit ist, hört jedes Gesetz zu wirken auf. Denn wenn ein Staat, um es bildlich auszudrücken, erst hinter jeden zweiten

Bürger einen Polizisten stellen muss, um seinen Gesetzesgehorsam zu erzwingen, braucht er hinter jedem dritten Polizisten
auch den vierten, der auf die drei anderen aufpasst, die ja auch
nur Glieder der Gesellschaft sind... Dies schafft auch kein
Polizeistaat... Die Akzeptanz der Rechtsordnung ist die
Überschaubarkeit und die Verständlichkeit. Die sogenannte
Einzelfallgerechtigkeit wirkt dem entgegen. Die juristischen
Griffelspitzereien schaffen es, dass man von drei Instanzen
zwei oder gar drei verschiedene Antworten erhält. So schreitet
der Abbau von ethnischen Standards voran.
Die Waffengleichheit lebt den Gesetzesgehorsam, weil der
Bürger der Gesetzgeber ist und man braucht keinen, weder
durch Polizei noch Justiz, der auf den anderen aufpasst.

Es ist die Legislative die bürgernahe Gesetzgebung mittels KöR
bestimmt (kein hoheitlicher Verwaltungsakt), wie
Sozialgesetze, Krankenversicherung, Berufsgenossenschaften
(Bauernverband, etc.), Stiftungen, Personalkörperschaft zum
Schutz von privatem Wohnungseigentum, Verein zum Schutz
der Bauherrn vor Pfusch am Bau, etc., Pflichtversicherungen
etc., siehe unter SGB.
Entscheidend ist, dass die KöR kein Steuersubjekt ist !!!

Beispiel: Deutschland Radio ist KöR, ARD und ZDF sind
Mitglieder. ARD und ZDF sind Anstalten des öffentlichen
Rechts. Der Bürger zahlt Rundfunkgebühren.

Legislative:

Grundwerte (alte Fassung Grundrechte) dürfen nur mittels Volksentscheid alle 4 Jahre geändert werden, wenn die Zulassungskriterien erfüllt sind:
Antrag auf Volksentscheid muss von mindestens 10 Bürgermeistern oder mehr als 1% der wahlberechtigten Bürger durch Volksbefragung unterstützt werden, etc.
Form- und fristgerecht wird der Volksentscheid dem Bürger zur Abstimmung vorgelegt.

Die Prüfung der Gesetze muss innerhalb von 2 Monaten erfolgen, andernfalls erlangt das Gesetz nach Ablauf der Frist automatisch Gesetzeskraft. Werden keine Verstöße durch das (B)VerfG festgestellt, wird das Gesetz im Bundesgesetzblatt veröffentlicht. Der Präsident kann, muss jedoch nicht, unterschreiben. Die Justizbehörden müssen das Gesetz anwenden.

Im Gemeindeamt sollen die Gesetzesregister des Bundes (jetzt Umfang von 435 Seiten), Land und Gemeinde in den Geschäftszeiten zur Einsicht aufliegen. Derzeit ist es ganz unmöglich sich die Register zu beschaffen, ohne gleich die gesamte Gesetzessammlung kaufen zu müssen und dies ist gewollt so. Die kosten einige € 1000. Die Bücher mit den 7 Siegeln sollen nur den Kostgängern der Affengleichheit zugänglich gemacht sein. Diese Register können für einen niedrigen 2stelligen € Betrag gekauft werden. Also die Macht bleibt vor Ort.

Der Bürger (Rechtspfleger) kann sich bei anstehenden Entscheidungen einen guten Überblick über die Gesetzesbücher verschaffen, ohne gleich Detailkenntnisse haben zu müssen. Der Bürger bestimmt die Gesetze und nicht die Repräsentanten in fernen Hauptstädten. Diese Waffengleichheit ermutigt den Bürger die Gesetze <u>aktiv</u> mitzugestalten und verhindert, dass bürgerfeindliche Gesetze, wie Novelle WEG 2007 Gesetzeskraft erlangen. Der Petitionsausschuss (bitten untertänigst) wird nicht benötigt, denn der Bürger braucht keine Petition an sich selber richten. Waffengleichheit ist ein juristischer Begriff, als Werkzeug ist der Bleistift gemeint und nicht die Bleispritze als physikalische Waffe.

Die Gesetzestexte werden vom Bürger (meist Rechtspfleger) verfasst. Der Begriff Reformen wird nicht verwendet, eventuell Novelle. Denn die Reformen gehen immer zu Lasten des Bürgers: Steuerwucher wird verhindert, wie Ökosteuer, EEG, EnEV, CO2-Steuer, Verschmutzungskosten, „Soli", etc. Die Monopolstellung der Energieversorger etc. wird aufgehoben (Dezentralisierungsrichtlinien). Auch der Selbstbehalt durch die AOK / DAK wird verboten. Folgende Anzahl von max. 7 Steuern / Abgaben (Bringschuld) sind erlaubt: MwSt, Lohnsteuer, Gewerbesteuer, Einkommensteuer, Mineralölsteuer, Kfz-Steuer, keine Maut. Da das Wort Steuern verpönt ist, wird immer öfter der Begriff Abgaben oder Bepreisung verwendet. Auch Abgaben sind zweckgebundene Steuern. Kostenneutrale Steuerreformen sind Taschenspielertricks. Veranlasste Steuerharmonisierungen durch die EU wie: MwSt – Erhöhungen, gibt es nicht.

21

Der <u>Bürgermeister – Entscheid</u> wird durch folgende Kriterien festgelegt:

Der Bürgermeister muss die Ausbildung zum Rechtspfleger haben. Das Bürgermeister Kollegium ist das Organ der Gesetzgebung und stimmt über die Gesetzesanträge 1 mal jährlich ab, welche von Interessensgruppen form- und fristgerecht eingereicht werden. Gesetzesjuristen werden nicht benötigt. Der Sinn und Zweck der Gesetze ist <u>anwendungsbezogen</u> zu beschreiben, gemeint ist Rechtssicherheit, damit Beliebigkeit in der richterlichen Auslegung, die sogenannte herrschende Meinung (hM), nicht gebraucht wird. (Gummi-§). Vorgaben der Rahmenbedingungen für Verordnungen an die Exekutive und Verwaltung sind eindeutig festzulegen, im Sinne des Subsidiaritätsprinzips. Dem Gesetzesantrag müssen 10 Bürgermeister vorab zustimmen (Quorum).
Danach stimmt das Bürgermeister Kollegium durch Bürgermeister Entscheid über den oder die Gesetzesanträge 1 mal jährlich in öffentlicher Abstimmung ab. Liegt ein Gemeinde Bürger – Entscheid zu betreffenden Gesetzen vor, so muss der Bürgermeister entsprechend dieser Vorgaben abstimmen. Widersetzt er sich der Verpflichtung nachzukommen, führt dies zu sofortiger Entlassung, das gleiche gilt bei Untätigkeit.
Notgesetzesergänzungen werden durch das Quorum fallbezogen verfasst.

Die Volksanwaltschaften mit Verfassungsrang sollen dem Bürger helfen seine Rechte gegenüber der allmächtigen Verwaltung zu stärken, welche in Schweden und Österreich institutionalisiert sind.

Lobbyisten der Wirtschaft und des Finanzwesens, meist mit Rechtsausbildung, wird der direkte Zugriff auf die Gesetzgebung entzogen, denn die sogenannten Gesetzesjuristen sitzen in den Gemeindeämtern. Die Lobbyisten zu verbieten geht nicht, weil die Geldmittel in den USA hohe bis einstellige Mrd.-$ Beträge und in Deutschland hohe dreistellige Mill.-€ Beträge, vorhanden sind. Die Lobbyisten müssen dann den Weg über die sozialen Netzwerke gehen. Der Datenschutz würde diesen Weg nur behindern und jedermann kann sich persönlich, nicht anonym einbringen.

Verjährungsfristen gibt es nicht! Hilft nur denen, die sich nicht an die Gesetze halten wollen (Delikte). Datenschutz ist Täterschutz. Jeder hat seine Daten vor Missbrauch selbst zu schützen. Jeder Staat versucht seine Bürger auszuspionieren. Transparenz und Datenschutz schließen sich gegenseitig aus. Die Aufwertung des Individuums durch den Datenschutz bringt mehr Nachteile als Vorteile für den Bürger. Jetzt wird nach Transparenz gerufen von denen die noch vor einigen Jahren den Datenschutz verteidigt haben. Also alles nur Stimmenfang für den Sessel im Parlament, soll heißen „Affengleichheit".

Die Waffengleichheit benötigt kein Parlament. Wie dies funktioniert wird bereits in vielen Städten und Gemeinden in der Schweiz erlebt. Als Beispiel wird auf die Stadt Rapperswil-Jona, Kanton St. Gallen verwiesen, 27000 Einwohner.

Rapperswil-Jona ist die größte Schweizer Stadt <u>ohne Parlament</u>. In der Stadtordnung / Gemeindeordnung sind die Bürgerrechte bestimmt. Der Gemeindepräsident führt die Gemeinde-geschäfte, unterstützt von 4 nebenamtlichen „Stadträten". Die Bürgerversammlung findet in der Regel 3 mal im Jahr statt. Diese beschließt mittels der Gemeindeordnung ihre Gesetze und ist damit dem Einfluss der Machtinteressen von Land und Bund entzogen. Nicht vorhandene Gemeinderäte können den Bürger somit auch nicht schikanieren. Gemeinden ohne Parlament sind nicht verschuldet. Die Bürger wissen genau, dass Parteiengeschenke diese selber bezahlen müssen. Offene Abstimmung oder Geheime Abstimmung.

Schweiz: 4 mal im Jahr Volksentscheid in der Schweiz.
Die Gemeindeordnung wird von den Bürgern bestimmt und ist damit dem Einfluss der Machtinteressen von Land und Bund entzogen.

<u>Weitere Bestimmungen</u> befinden sich in der <u>Verfassung zur Legislative</u>, Niederschrift erfolgt später.

Auf das Straf- und Verwaltungsrecht wird hier wegen Überlastung des Lesers nicht näher Bezug genommen.
Ausnahme §90 StGB: Wenn sich der Präsident beleidigt fühlt von den Chaoten oben und unten, so soll er doch zurücktreten.

Judikative:

Der Staat bildet die Richter entsprechend den gesellschaftlichen Erfordernissen aus die er braucht (Zivil-, Straf-, Sozialrecht, etc.). Die Kosten der Ausbildung übernimmt der Staat. Es ist unzulässig aus Kostengründen originäre Einzelrichter das Verfahren leiten zu lassen. Maximale Amtszeitdauer soll 2 mal 4 Jahre sein. Macht darf sich nicht verfestigen. Danach steht es dem Richter frei das Beamtenverhältnis zu lösen oder weiter seine Dienste anderweitig der Behörde anzubieten. Nach 4 jähriger Karenzzeit kann er sich wieder um ein Richteramt bewerben. Durch Weiterbildung muss der Richter sein Wissen ständig aktualisieren, um den Lebenssachverhalt entsprechend der Gesetze mittels Subsumption (Obersatz / Untersatz) in Erkenntnisse (Urteile, etc) zu bescheiden. Die angewandte Methodenlehre ist zu bestimmen.

Richter die über eigenes Fehlverhalten beschädigt sind dürfen nicht in gleicher Sache über andere urteilen, wie Alkohol am Steuer, geschiedene Ehepartner, Eigentumsdelikte, etc.. Richter werden für krasse Fehlurteile (Rechtsbeugung) aus dem Amt entfernt und in die normale Verwaltung versetzt. Ähnliches gilt bei Untätigkeit des Richters. Richter sind verbeamtet. Nebenverdienste durch Vorträge, Veranstaltungen, etc. sind untersagt Zur Aus- und Weiterbildung an Volkshochschulen (bürgernahe Rechtsausbildung) kann der Richter verpflichtet werden.

Für Fachrichter Ausbildung im Sozial-(WEG), Zivil- und Privatrecht müssen von Unis spezielle Fachseminare mit Abschlusszeugnis angeboten werden. Damit wird verhindert, dass Richter wegen Unkenntnis im technischen Bereich durch Gefälligkeitsgutachten übertölpelt, hinters Licht geführt werden können. Es gibt keinen Eid bzw. Vereidigung. Diese Überheblichkeit dient nur dem System im Sinne der die da oben.

Verwaltungs- / Straf- / Zivil- / Sozialgerichte, etc. Jedes Gericht muss sich bei der Urteilsfindung an einen für den Bürger erstellten Straf-, Verwarnungs- oder Bußgeldkatalog halten, ähnlich wie dem bei Verstößen im Straßenverkehr. Damit ist eine Gleichbehandlung aller Bürger sichergestellt, also keine Einzelfallentscheidungen. Die max. Verfahrensdauer (1-2 Jahre) ist festgelegt und verhindert damit, dass Gerichte die Verfahren in die Länge ziehen. Dies erhöht die Rechtssicherheit für den Bürger.

Arbeitsbeschaffungsmaßnahmen für Juristen mittels der Gesetzesjuristen entfallen. Der Bürger macht sich die Gesetze.

Interessensgruppen die ein notwendiges Zusammenleben erfordern sind im Sozialgesetzbuch (SGB) zu finden und nicht in den Gesetzesbüchern für Zivilrecht oder Privatrecht, etc.. SGB hat Vorrang vor Zivilrecht. Die „Verfahrenssteuernden Richtlinien (VsR)", siehe unten verpflichten die Richter von Amts wegen zur Befragung der Parteien Die Anwendung von privatrechtlichen Verfahren sind für Geschäfte von Gewebetreibenden, Produzenten und Finanzwesen bestimmt.

Das Rechtsberatungsgesetz aus dem Jahre 1935 und AVO nach 1945 (Privileg der Anwaltschaft) dient auch dazu, um Kunden in eine Rechtsfalle zu locken (Internet Phishing Neudeutsch, Bauernfängerei Altdeutsch), wird verboten. Die geplante BRAO Rechtsreform der Affengleichheit fördert die Rechtsfähigkeit der Anwälte in Sozietäts (Syndikusvertrag), auch mit GmbHs. GmbHs benötigen eine NP damit diese geklagt werden können.

Rechtspfleger

Der Rechtspfleger hat eine juristische Sonderstellung in der Judikative. Die Kosten der einjährigen Ausbildung zum Rechtspfleger übernimmt der Staat. Er kann vor jedem Gericht die Interessen seiner sozialen Mitbürger (natürliche Personen) vertreten, die dies wünschen. Der Wunsch muss schriftlich hinterlegt werden. Es zählt der Vertrauensgrundsatz. Eine anwaltliche Beratung ist nicht nötig. Eine Vollmacht im herkömmlichen Sinne gibt es nicht, weil dies zu einer Entmündigung des Mitbürgers führt, ebenso ist der Duktus „bitte" in den Schriftsätzen an den Richter untersagt, früher: entspricht untertänigst.
Die einjährliche Rechtspfleger Ausbildung, ähnlich eines Magisters, erfolgt durch eine weiterbildende Schule (Gymnasium, Abendkurs, etc.). Die Teilnahme an weiterbildenden Seminaren ist nötig.

Die potentiellen Mandanten der Anwaltschaften im Sozialrecht (Ehescheidungen, etc.) und Verwaltungsrecht (Asylanten-verfahren, etc.) gibt es nicht mehr.

Verfahrensteuernde Richtlinien (VsR / Prozessordnung a. F.)

Die Rechtssicherheit wird zuallererst durch die VsR bestimmt. Es ist also der Weg entscheidend wie man zu seinem Recht kommt und nicht so sehr die Gesetze selber. Denn alle Mitglieder der UNO sind sogenannte Rechtsstaaten, dies gilt auch für Diktaturen.

Jedes Gesetzbuch bedingt die eigenen VsR. Gesetzes-übergreifende VsR gibt es nicht. Die VsR zwischen Vertragseinstieg und Vertragsausstieg sind gleich. Es muss der so genannte Spaghetti-Salat vermieden werden (heute Prozessordnungen genannt). Somit können sich blockierende Gesetze (Konkurrenz untereinander) vermieden werden.

Die dazugehörenden VsR sind mit Antragsmuster (Musterformulare) ausgestattet. Im Rubrum der Klage ist auch die Verfahrensart anzukreuzen, z. B: Offizialmaxime (FGG) / Inquisitionsmaxime, Dispositionsmaxime / Verhandlungs-maxime, etc. In der Anlage befinden sich die vorbereiteten Schriftsätze, der sogenannte Prozessstoff, Begründung, Beweise, etc. Der Prozessstoff gilt am Beginn des mündlichen Verfahrens als bereits vorgetragen. Hinweise auf verhandlungsfördernde Maßnahmen, wie Wahrheitspflicht, etc. sind vom Richter zu beachten. Jedoch keine Vereidigung der Gutachter und Parteien.

Folgende Gesetzesbücher mit den dazugehörenden VsR bestimmen das Zusammenleben des Volkes. Vorab sei noch bestimmt, außer die Verfassung betreffend, jedes Gesetz hat eine maximale Gültigkeitsdauer von 2 Generationen. Gibt es keinen Ersatz, so erlischt das Gesetz. Dies zwingt den Gesetzgeber zur Anpassung der Gesetze an die geänderte Umwelt. Gesetzes-Dinosaurier, wie das BGB mit seinen 5 Büchern seit 1900 verschwinden, siehe unten Begründung.

Es gibt nur noch 2 Verfahrensebenen, Amtsgericht (ein Richter), Kammer (drei Richter) als Berufung, Senat (drei Richter) als Sach- oder Verfahrensrüge. Schöffen gibt es nicht. Akteneinsicht muss in allen Instanzen den Beteiligten gewährt werden. Jeder sollte einen Rechtspfleger kennen, daher sind Notanwälte nicht nötig, siehe unten § 44 BRAO (Ablehnung).

Zivil- oder Privatverfahren werden sofort in ein Strafverfahren überführt, wenn der Richter ein Strafdelikt während des Prozesses erkennen kann. Es wird also von der Dispositionsmaxime in die Offizialmaxime übergegangen. Damit werden Kosten und Zeit gespart genannt: Unisono Verfahren.

Sozialgesetze, hier nur auszugsweise, mit ihren Unterbüchern, sind eigenständig anzuwenden (keine Konkurrenzierung erlaubt). Prozessstandort ist immer der Wohnort des betroffenen Bürgers.

Sozialgesetzbuch (SGB mit den 12 Büchern)
(Offizialmaxime, Amtermittlungspflicht)
Es gibt keinen Anwaltszwang. Es gilt das Grundprinzip bei
Abstimmungen und Prozessen: „Wer schweigt stimmt nicht
zu", kein stillschweigendes Einverständnis, siehe Affengleich-
heit.

Arbeitslosenunterstützung
Arbeitsförderung
Ehegesetz: Kein Anwaltszwang bei Scheidung.
Familiengesetz: kein Anwaltszwang bei Scheidung
Gesetzliche Rentenversicherung, Renten- Pensionsfonds, FRG
Krankenversicherung (KV) wird durch die
Bürgerversicherung für alle ersetzt. Beispielhaft wird unten
das jetzige, mangelhafte System beschrieben.
Krankenversicherungspflicht: SGB V § 188 Abs. 4 Anschluss
Versicherung, SGB VI Renten Versicherung, Formular R0815.
Es wird unterschieden zwischen Pflicht-, Freiwilliger- und
Privater- KV. Nur wer die sogenannte Versicherungszeit erfüllt
(Rahmenfrist, erstmalige Aufnahme einer Erwerbstätigkeit bis
zur Rentenantragsstellung) mindestens 9/10 in der zweiten
Hälfte dieses Zeitraums eine Mitgliedschaft in der gesetzlichen
Krankenversicherung bestanden hat kann Mitglied in der
KVdR (Rentner) werden. Dies hat zur Folge, dass freiwillige
oder privat Versicherte die Kosten der KV von 14,6%, plus
3,3% für Kinderlose selber bezahlen müssen, etc. Ansonsten
trägt den Beitragssatz je zur Hälfte der Rentenversicherungs-
träger und Rentner, ähnlich wie Arbeitgeber- und Arbeit-
nehmeranteil. Da der Staat Zuschüsse aus Steuergeldern von
40 bis 50% zur Rente zuschießen muss ist der Vorteil der

Einsparung durch die Privatversicherung bereits nach 3 bis 5
Jahren aufgebraucht. Damit spart der Staat jedes Jahr viele
Milliarden Euro. Zusatzbeiträge (Hebesatz), länderbezogen,
von 0% bis mehr als 3% sind zur Hälfte vom Renten-
versicherungsträger und vom Rentner zu zahlen.
Staatsbedienstete (Beamte) erhalten eine Pension von 71,5%
vom Nettoeinkommen, dagegen erhalten Arbeiter und
Angestellte als Rente nur ca. 50% vom Nettoeinkommen. Die
Pension wird aus Steuergeldern bezahlt. Aktive Beamte müssen
eine private KV abschließen, welche diese selbst bezahlen
müssen. Jedoch ist für aktive Beamte der Beitragssatz um 50%
günstiger als für Arbeiter und Angestellte, wo 100% zu
bezahlen sind.. In der Pension verringert sich der Beitragssatz
auf 30% bis 20%. Für Arztrechnungen und Rezepte zahlt die
KV 30% oder 20%.. Die Beihilfe von Land oder Staat zahlt
70% oder 80%. Der Staat zahlt keine KV und spart damit viele
Milliarden jährlich. Dies ist Abzocke durch den Staat und keine
soziale Marktwirtschaft. Das Wort „SOZIAL" ist eine
Platitüde.
Gesetzliche Krankenversicherung, Verbot von Zuzahlung,
sogenannte Igel Leistung, erste 28 Tage, § 61 SGB 5
Verbot von Selbstbehalt (Zuzahlung) bei Kassenleistungen
(Zahn, Brille, etc) und Krankenhausbehandlung, stationär oder
ambulant, Abzocke durch Fernsehen bzw. Telefon Karten
Service (€ 3,85 / Tag + Kartenpfand € 5).
Klagen vor dem Landessozialgericht kostet viel und bringt
wenig.
Gesetzliche Unfallversicherung (Baustellen, Industrie, etc)
Konsumentenschutz – / AGBG Einzelnutzerverträge:, s. BGB
Vertragsdauer min. 3 Jahre. Vorzeitiges Kündigungs-

recht nur durch den Kunden z. B.: Versicherungen, Handy, Stromlieferverträge, etc. Gebühren fix. Keine Einstieg Lockangebote, damit wird jährliche Gebührenanhebung verhindert.

Meldegesetz
Mietgesetz
Schutz vor Mietnomaden (neue Namen Datenabgleich)
Umweltschutzgesetz
Verkehrsgesetz
Wohnungseigentum und Eigenheim Baugesetz (WEhBauG) ist ein eigenständiges SGB
Eingabeplan und Werkplan müssen vom Kreisbauamt (KBA) beglaubigt werden. Baugenehmigung erst, wenn die Pläne von Architekt und Bauherrn mängelfrei sind. Schutz vor Absprachen der beiden Planer. Änderungen muss das KBA beglaubigen. Damit können Prozesse vermieden werden.
Wohnungseigentumsgesetz (WEG) ist ein eigenständiges SGB
Die Novelle 2007 wird aufgehoben, denn sie begünstigt schlechte Verwaltungen (VW) und Verwaltungsbeiräte die dem Eigentum der Eigentümer großen Schaden zufügen und ist ein Verstoß gegen die Grundwerte der Waffengleichheit, s. Az. unten. Keine Vollmachten den VW, denn der VW macht aus dem WEG ein Ermächtigungsgesetz, siehe oben.
VsR, ähnlich wie FGG, sind anzuwenden. Als eigenständiges SGB / VsR muss von Amts wegen ermittelt werden. Welche Klagen gegen den Verwalter und Beiräte zugelassen werden sind im Gesetzestext durch den Volksentscheid bestimmt (Teilungserklärung / GmO). Keinen Schutz des Verwalters durch die Generalklausel „Wichtiger Grund", pflichtgemäßes

Ermessen, etc. Kein Anwaltszwang, Kosten Selbstbehalt jeder Partei. Bei schlechter Verwaltung kann durch den oder die Eigentümer Klage wegen Untreue erhoben werden, etc.

Werden Beleidigungsklagen angestrebt, muss der Kläger die Kosten bei der 1. derartigen, nachgewiesenen Beleidigung immer selber tragen. Somit kann man die Anzahl der Prozesse senken.

Zivilrecht Offizialmaxime oder Dispositionsmaxime

Die Kosten der Ausbildung zum Anwalt trägt die Interessensgemeinschaft (juristische Personen), z. B.: Industrie und Handelskammer (IHK), Handwerkskammer (HWK), etc..
Als Vertretung ist der Rechtpfleger oder Anwalt vorgesehen.
Prozessstandort ist immer der Wohnort des Bauherrn.
Das Baugesetz bestimmt, dass die Fachbetriebe gemäß Bauwunsch des Bauherren bauen müssen. Der Bauwunsch ist schriftlich vom Fachbetrieb vor Baubeginn zu beglaubigen. Werden Gesetzte verletzt muss der Fachbetrieb den Bauherrn dies schriftlich mitteilen (Hinweispflicht).
Als Verdingordnung für Architekten und Ingeneure ist VOB/B anzuwenden.

Baugesetz und Bauausführungsrichtlinien sind abzustimmen

Alle 5 Bücher des BGBs werden durch eigenständige Fachgesetzesbücher ersetzt. Baugesetz und Schuldenrecht (Schuldrechtsmodernisierungsgesetz, ab 1. Jan. 2002 wurde das

AGBG ins BGB überführt) sind als eigenständiges Gesetz zu verfassen mit den dazugehörenden VsR.

Die Anwälte werden am Risiko beteiligt, ähnlich USA, Neufassung des RVG nötig. Gebührenverbot bei juristischem Selbstzweck: Die Kosten der ersten Abmahnung nach dem UWG (z.B.: Darstellung in Annoncen) muss der Abmahner selber tragen, damit wird verhindert, dass Juristen sich ein Nebeneinkommen verschaffen ohne an der Sache selbst interessiert zu sein. Der Sinn des Gesetzes wird missbraucht. Gemäß Untersuchungsberichten werden heute von den Anwälten ca. € 30 Mio. pro Jahr einkassiert. Sogenannte Abmahnungskönige lassen sich Namen beim Patentamt / Markenamt schützen und kassieren dann bei Firmen, die diesen Namen schon lange, jedoch ungeschützt, verwenden. Ähnlich ist die Situation im Internet, genannt „Cybersquatting" (Cyber-Hausbesetzung), wo der Handel mit „Domain-Namen" betrieben wird. Dieser Absatz gilt auch im Privatrecht.

Privatrecht Dispositionsmaxime

Das Parteienverfahren wird für Gewerbetreibende unterein-ander und Industrie und Finanzwesen bestimmt, juristische Personen. Es erübrigt sich darauf hinzuweisen, dass schon aus Eigeninteresse der Parteien Anwaltspflicht besteht, wenn der Streitwert höher als € 5000 ist. Die Kosten der Ausbildung zum Anwalt trägt die Interessensgemeinschaft (Kammer).
Juristische Personen (JP, Gesellschaften) sind verpflichtet Gruppen Schadenkassen bzw. Kostenkassen zu führen, damit Geschädigte nicht die Kosten dieser Rechtskonstrukte tragen

müssen. Keinesfalls darf der Staat / Gemeinde daraus Nutzen ziehen. JPs sind: Banken, Versicherungen, Stiftungen, GmbHs, Aktiengesellschaften, Verbände von Profi-Sportvereinen, wie DFB, etc. Raiffeisen ist die erste Gruppenbank für Bauern. Alle für Einen, Einer für Alle. Der Gewerbesteuersatz der GmbH muss an die Schadenskassen überwiesen werden und nicht an die örtliche Gemeinde, damit der Geschädigte nicht die Kosten bei Konkurs der GmbH tragen muss, eine Art Soli. JP müssen sich erklären, wer die Gesellschaft nach Außen vertritt, damit der Geschädigte weiß wen er verklagen muss. Die Affengleichheit verbietet Klagen gegen JP. Dies ist eine bewusste Irreführung des Geschädigten (Sackgasse).

Das RVG muss so geändert werden, dass es nicht im Sinne der Anwälte als Selbstbedienungsladen benutzt werden kann. Wenn der Anwalt sich selbst vor Gericht vertritt darf er keine Termingebühr verrechnen da er bereits Anspruch auf die Verfahrensgebühr hat, doppelt kassieren ist Abzocke, siehe dazu RVG Anl. 1 Vorbemerkung 3: Termingebühr nur für die Vertretung in Verhandlung und Beweisverfahren. Zugunsten der Anwälte wurde § 91 Abs. 2 Satz 3 ZPO nachträglich aufgenommen: In eigener Sache ... wie ein bevollmächtigter Anwalt kassieren. Der Gesetzgeber der Democrazy schützt seine Kostgänger auf Kosten des Rechtssuchenden!!!

Ausbildung in Geisteswissenschaften aus Eigeninteresse, z.B.: Geschichte, Jura, Philosophie, Psychologie, Religion, etc. muss der Studierende selber bezahlen.

Exekutive:

Den besten <u>Verfassungsschutz</u> stellt das Volk dar. Keine Behörde die dem Denunziantentum Gehör verschafft.

<u>Ordnungskräfte / Polizei:</u>

Die Polizei untersteht den Ländern
Die Polizei hat dem Bürger zu dienen, ansonsten wird sie zum Prügelknaben der Politik verkommen. Dies fördert die Schikane bzw. Aggressivität gegenüber dem Bürger. Mehr Polizei ist als Problemlöser ungeeignet. Es gelten die Zeitverträge der Richter.

Justizwachebeamten erhalten ähnlich wie Richter nur Zeitverträge. Keine Macht auf Dauer.

Es gibt keinen Ermessensspielraum für die Ordnungskräfte (ist nur vor Gericht sehr eingeschränkt möglich). Die Ordnungskräfte haben keine budgetpolitische Aufgabe. Derzeit werden ca. 10000 Strafzettel pro Tag in Bayern verschickt, das entspricht Einnahmen von ca. € 200 bis 300 Mio. pro Jahr.

Da es keine Schwarzarbeit gibt braucht die Polizei auch keine „Zoll" Aufgaben zu überwachen. Für die Überwachung der Sicherheitsvorschriften vor Ort ist die Gewerbeaufsicht zuständig.

Die Verwaltungstätigkeit der Polizei dient der Abwehr von Gefahren für die öffentliche Sicherheit und Ordnung und ist vielfältig (Verkehr, Baustellenabsicherung und Überwachung, Veranstaltungen, etc.).

Die Fürsorgepflicht der Polizei ist mit dem Ende der hoheitlichen Aufgaben erst dann beendet, wenn sie den alten Zustand wieder hergestellt hat. z. B.: Polizei Absperrungen beseitigen, Untersuchung einer Lastwagenladung (Verdacht auf Schmuggelware). Die Ladung wird vom LKW entfernt. Bestätigt sich der Verdacht nicht, muss der LKW von der Polizei wieder beladen werden.

Auf weitere Stellungnahmen wird verzichtet.

Verwaltung:

Die Verwaltung (Vw) hat täglich das System „Staat" am Leben zu erhalten, gesetzgemäße Verwaltungsakte zum Schutz der Bürger durchzusetzen: Sie organisiert sich selbst durch Erlasse, Richtlinien, Rundverfügungen, etc. mit entsprechender Außenwirkung, welche vom Bürgermeister überwacht werden

Die Verwaltung ist auch für die Infrastruktur zuständig (Anschluss von Strom, Wasser, etc.). Für Notfälle werden Gewerbetreibende verpflichtet zwecks schneller Reparatur, verhindert Abzocke.

Bürgermeister und seine Verwaltungsrichtlinien (G-Ordnung):

Der Bürgermeister kann für 2 mal 4 Jahre gewählt werden (Direktwahl). Dies gilt auch für Gemeinderäte. Scheidet er aus dem Amt, muss er ein Übergangsgeld erhalten. Nach 4 Jahren Karenzzeit kann er sich wieder zur Wahl für das Bürgermeisteramt stellen. Die Kosten, welche die Lobbyisten dem Staat verursachen, werden für die Diäten der Bürgermeister, zusätzlich zu seinem Grundgehalt, verteilt und somit erhält jeder eine gesicherte finanzielle Ausstattung.
Das Gemeindeamt des Bürgermeisters ist das erste Glied der Verwaltung und der Legislative. Der Bürgermeister überwacht die Polizei, Gerichte und sonstige Behörden in seinem Verwaltungsumfeld, wie Versorgung (Verbrauchsgüter, Wohnungen, etc.), Entsorgung (Müllabfuhr, etc), Kommunale Körperschaften (Schulen, Kindergärten, Krankenhäuser, etc.).

Ihm ist uneingeschränkte Akteneinsicht zu gewähren, auch bei Polizei und Gerichten.

Der Bürgermeister ist verpflichtet öffentliche Störungen, wie beschmieren von Wänden, zerschlagen von Fenstern als Ausgeburt der Multi-Kulti Szene, innerhalb einer Woche auf Kosten der Gemeindekasse zu beseitigen, um das friedliche Zusammenleben in der Gemeinde wieder herzustellen. Chaoten, die Teil der Gemeinschaft sind, sollen sich in geschlossenen Räumlichkeiten austoben. Die Fenster sind durch bruchsicheres Glas zu ersetzen.

Bestimmt durch die Verwaltungsrichtlinien (heute Gemeindeordnung genannt) hat der Bürgermeister alle 3 Monate die Bürger zu öffentlichen Infos zu laden. Es besteht Fragerecht der Bürger und Antwortpflicht des Bürgermeisters. Dies gilt auch für sonstige öffentliche Verhandlungen, z. B.: wenn Bauanträge, etc. besprochen werden. Geheime Treffen, mit umfangreicher Begründung, sind offen zu legen. Alle öffentlichen Ladungen müssen mittels Video- oder Tonaufzeichnungen archiviert werden. Löschung frühestens nach 5 Jahren.

Die Bürgermeister wählen sich die Landesregierung die nur für die Verwaltungsaufgaben der Infrastruktur zuständig ist, wie: Schulen, Krankenhäuser, Straßenbau, Verkehr, etc. Die Landesgesetzgebung hat Berichtspflicht gegenüber den Bürgermeistern.

Die Bürgermeister wählen sich die Bundesregierung die für die Verwaltungsaufgaben der Infrastruktur zuständig ist, siehe Landesregierung, wie: Straßenbau, Verkehr, etc. sowie innere und äußere Sicherheit, Außenhandel, bilaterale Kontakte zu Staaten, etc.. Die Bundesgesetzgebung hat Berichtspflicht gegenüber den Bürgermeistern.

Alle Mitglieder der Landesregierung und Bundesregierung sind geprüfte Rechtspfleger.

Behörden mit Beamtenstatus werden auf die Justiz-, Sicherheits- Kontroll- bzw. Erziehungsbereiche (Pflichtschule) beschränkt. Weil die Dienstleistungen bei Post und Bahn viele Arbeitskräfte benötigen, sollen diese nicht privatisiert werden, dient auch als verdeckte ABM. Alle übrigen Aufgaben werden von den privaten Dienstleistungs-Unternehmen durchgeführt, die jedoch durch ein Kontrollorgan der Verwaltung überwacht werden. Insbesondere wird das Steuersystem vereinfacht, siehe unten. Die Systemkosten, die heute ca. 150 Mrd. € allein im Bundesbereich betragen, können damit sicherlich mehr als halbiert werden. Innerhalb der gehobenen Beamtenschaft wird die Job-Rotation gefördert, damit sich keine Seilschaften bilden können. Für Vergleichszwecke sind Verwaltungskosten offen zu legen.
Der Behörde ist es verboten, durch Steuervorgaben den Betrug zu fördern, wie z. B.: für die Besteuerung pro Fass Bier (Ausschank) wird automatisch 10% mehr als der tatsächliche Inhalt eingesetzt.

Steuerbehörden (Finanzamt):

Die Hauptaufgabe der Regierung (Finanzminister) ist es, gemäß der Gesetze die eingenommenen Steuern auf die Ressorts zu verteilen. Für jedes Gesetz das die Finanzen betrifft muss sie einen Kostenplan erstellen. In einem Soll-/Ist-Vergleich kann dann die Kostenwahrheit, die Qualität der Regierung, geprüft werden. OWi- / Strafgelder dürfen nicht im Budget verwendet werden. Jedes Land muss diese Gelder sozialen Zwecken zuleiten (Sozial Impact Fond). Dies gilt auch für herrenlose Konten bei Banken, wenn keine Kontobewegung innerhalb von 30 Jahren erfolgte. Das Geld soll einem Fond für soziale Zwecke zugeführt werden.
Keine Gelder gibt es für den Import von Kult(ur) Imperialismus.

Steuerrecht Vereinfachung: Der steuerbezogene Verwaltungs-aufwand (der stabil ist) darf 1-2% der Einnahmen nicht übersteigen. Jedes neue Steuergesetz muss daher eine Kosten- / Nutzenrechnung beinhalten. Erweist sich diese Berechnung in der Anwendungsphase als falsch, so wird es automatisch durch die Kontrollorgane gestrichen. Damit werden unsinnige Steuern verhindert, die nur der Beschäftigung der Behörde und Dienstleister (Juristen) dienen. Zu beachten ist auch das Konnexitäts-Prinzip, die Umkehrung von „wer zahlt schafft an", also wer anschafft (Sozialgesetze, etc) muss auch zahlen. Die Verantwortung liegt bei den Bürgermeistern.

Es ist zwischen Bring- und Holschuld zu unterscheiden.

Spenden sind Privatsache und können nicht von der Steuer abgesetzt werden. Andernfalls würde jeder Steuerpflichtige in die Pflicht genommen sich indirekt an den Spenden der anderen zu beteiligen, ohne dies zu wollen.

Der erzielte Gewinn wird mit 20% besteuert. Gewerbetreibende unter 20 Mitarbeitern sind von der Buchhaltung befreit. Deren Mitarbeiter, wenn das jährliche Einkommen < € 60000 ist sind auch von der Steuer befreit. Diese Mitarbeiter sind Endverbraucher und zahlen ihre Umsatzsteuer beim Kauf von Produkten. Zwecks Rente und Krankenversicherung werden diese schriftlich bei den zuständigen Behörden angemeldet. Die Beiträge werden von der Umsatzsteuer überwiesen. Kilometergeld kann beim Finanzamt angefordert werden, solange der Arbeitgeber das Arbeitsverhältnis bescheinigt, etc. Der Endverbraucher braucht keinen Steuerberater. Eine Überwachung des Bürgers mittels Lohnsteuerausgleich gibt es nicht.

Alle Geschäftstätigkeiten von Unternehmen werden über Saldo-Konten von Banken durchgeführt. Steuerkontrolleure des Finanzamts können das Unternehmen von einer internen Buchhaltung befreien.

Einer besonderen Aufmerksamkeit sind die Kosten der EU zu unterziehen. Die ca. 15000 Beamten kosten ca. € 15 Mrd. im Jahr, also einer ca. DM 100000,- und Brutto ist hier fast Netto, da die kaum Steuern zahlen!

Die Verschuldung durch Staat und Wirtschaft mittels Fremdkapital ist untersagt, keine Erpressung durch mächtige Institutionen, wie Weltbank und int. Währungsfond (IWF), etc., was zu Lohn- und Sozialdumping führt. Der Bürger muss immer die Kosten der Sozialkrisen tragen (Mexiko 1994/95 oder Südkorea 1997, 2007 / 2009 Bankenrettung durch die FED und EZP durch massive Staatsverschuldung).

Der Rechnungshof überwacht die Gebaren der Verwaltung, damit die Steuergelder entsprechend den Vorgaben auch verwendet werden.

Erziehung / Ausbildung:

Es wird eine dialoggerichtete Erziehung gefördert und systemnahe Schulung für die heranwachsende Generation durchgeführt. Dazu ist ein gewisses historisches Hintergrundwissen nötig, welches auf nachvollziehbaren Tatsachen basieren muss. Im Sinne der Waffengleichheit wird das politische Denken gefördert.

Das duale Ausbildungssystem wird beibehalten.

Die Schulausbildung hilft dem heranwachsenden Bürger mit dem Leistungsprinzip der Gesellschaft fertig zu werden. Die Leistungsfähigkeit des Einzelnen darf nicht durch falsch verstandene Integration (Ausländer / Behinderte) auf Kosten der Kinder behindert werden. Im Pflichtschulbereich sind 20% der Unterrichtszeit für Sport zu verwenden. So ertüchtigt man

Körper und Geist und   verhindert das Heranwachsen einer sogenannten Stubenhocker bzw. Viedeo-Internet-Gucker Generation. Die Affengleichheit wünscht übergewichtige Stubenhocker und sie stellen daher keine Gefahr für das System dar. Bereits um 1820 erkannten deutsche Herrscherhäuser, dass eine körperlich trainierte Bevölkerung die Gefahr zum Aufstand / Umsturz erhöht und einige schafften daher den vorhandenen Sportunterricht ab. Alexander d. Große verbot um 330 v. Chr. den Persern das Hammerwerfen (Keulenwerfen) aus demselben Grunde, ebenso die Mongolen im 13.Jhdt.

DIE WIRTSCHAFT

Auf die Wirtschafts-Theorie des österreichischen Havard Professors Schumpeter wird hingewiesen: „Creative Destruction", auf deutsch: Der Feind des Guten ist das Bessere. Eines seiner Bücher heißt: „Capitalism, Socialism and Democracy" erschienen 1942. Der Arbeitgeber bestimmt wer in seinem Betrieb beschäftigt wird. Denn er muss das Geschäftsrisiko tragen. Klagen gegen den Arbeitgeber wegen Verletzung des SGB sind nicht statthaft. Doch ein ständiges Wirtschaftwachstum, gemeint ist den Verbrauch ankurbeln, führt zur Erschöpfung von Grundstoffen und den Müll kippt man in die Umwelt. Dieser muss dann mittels Dienstleistungen wieder entsorgt werden. Solche ABMs werden verhindert.

Das Wirtschaftsprinzip nach Hayek, wo der Staat nur noch als Ordnungshüter gegen den Bürger fungiert, wird verhindert (ist nichts anderes als Selbstentmachtung bzw. Affengleichheit, also Markt ohne Staat). Die Verschuldung, ob privat (Konsum) oder öffentlich, zwecks Machtausübung wird eingegrenzt. Der Staat kann sich nur noch bei seinen Bürgern verschulden und nicht mehr bei ausländischen Geldgebern! 1/3 der Deutschen Staatsschulden sind in ausländischer Hand, ca. € 700 Mrd. Das monetäre Stimmrecht, dem Nation-Rating (Qualität der Auslandsschulden bestimmt durch Moody / S&P-NY / Fitch) ist der Einfluss durch die Waffengleichheit entzogen.

Die Subventionen für die Großindustrie, die sich derzeit auf ca. € 30 Mrd. pro Jahr belaufen, werden auf ein Minimum gesenkt.

Bei Dow Chemical (früher Puna-Werke) wurde jeder Arbeitsplatz mit ca. 5 Mio. DM subventioniert (würde man jedem Arbeiter 60 Jahre lang DM 30000 / Jahr bezahlen, so würde das ca. 2 Mio. kosten und man könnte pro Arbeiter 3 Mill. vom Staat sparen). Keine Forschungsgelder für die Großindustrie (Daimler erhielt 1993 ca. DM 500 Mill. vom Forschungsetat von ca. 2 Mrd.). Die EU-Staaten haben jährlich wegen Steuertourismus Verluste von dreistelligen € Mrd. Beträgen.

Ein Teil der Subventionen fließt in einen Fonds für innovative Unternehmensgründungen, Risikokapital. Politisch bedingte Innovationen, wie erneuerbare Energien (Photovoltaik), Elektroauto, etc. werden nicht gefördert, jedoch die Wärmeisolierung von Häusern und der Ausbau des Glasfasernetzes (DSL).

Der Warenaustausch zwischen den Völkern ist so alt wie die Menschheit und in den 80er/90er Jahren hat man dafür das Modewort „Globalisierung" erfunden. Schon zur Zeit des Mongolenreiches (größtes Weltreich aller Zeiten, 12./13. Jhdt. Herrscher: Dschingis-/Khubilaj-Khan), gab es einen bekannten Handelsweg, genannt die "Seidenstraße", reichte bis nach Ägypten und Europa. Teilweise waren die Händler unter besonderem Schutz der Herrscher. Die Regulative waren damals die Transportzeit und die Transportkosten, beides ist heute kein wesentlicher Faktor mehr und so hat sich die Globalisierung vom Preisdumping zum Lohndumping entwickelt, denn eine politische Steuerung gibt es nicht, der Markt bestimmt die Regeln. Daher ist besonderer Schutz des Mittelstandes und der Bauern nötig, denn sonst sind sie die

Hauptverlierer in der Globalisierung. Die Großen, die Gewinner, fressen die Kleinen (siehe Globalisierungsfalle). Zwischen Produktionsstandort und Erlösstandort wird durch die Waffengleichheit Chancengleichheit hergestellt. Kopplungs-geschäfte im nationalen Bereich werden untersagt, z. B.: wer Bier will, muss nicht Schnaps trinken oder wer keinen Fernseher hat und nur das Internet braucht, zahlt keine GEZ Gebühren, Verbot der legalisierten Abzocke Die Rundfunk-anstalten sollen ihr Programm verschlüsseln, Pay-TV.

Ziel ist es, den Eigentumsanteil der Bevölkerung bei Immobilien von derzeit ca. 32% (liegt sogar 1% unter dem Vorkriegsniveau) auf 75% zu steigern, was in etwa Griechenland entspricht. Es ist für einen Arbeiter unwürdig, wenn er das ganze Leben hart arbeitet und am Lebensabend in irgend ein Heim abgeschoben wird. Die Gefahr ist heute besonders groß, da ja die Renten sich immer mehr dem Sozialhilfeniveau annähern. Hier sei noch erwähnt, dass schon immer zuallererst der Mieter die Mietwohnung finanziert hat und nicht der Vermieter, also die Gefahr des Umverteilens von unten nach oben besteht nicht. Die Waffengleichheit wird das verhindern.

WEG:

Für die Wohnungsgeschäfte und Mieten sind Standardverträge vorgesehen die durch die Gemeinden vor Ort festgelegt werden. Gerichtsstand ist immer der Standort der Wohnung. Dem BGB werden diese gesetzlichen Anwendungen entzogen.

Die Novelle von 2007 (ZPO Anwaltszwang ist Arbeitsbeschaffung) muss ersetzt werden durch die a. F (FGG kein Anwaltszwang). Keine Auslegung des Gesetzes durch die hM.

Der Bauträger darf nicht den Verwalter bestimmen, auch wenn er mehr als 10 % der Stimmen (Anteile) besitzt. Damit werden willfährige Verwalter verhindert. Weder Verwalter (Vollmachten) noch Eigentümer dürfen mehr als 10 Kopfstimmen bzw. %-Anteile betreffend Abstimmungen haben. Die Bestellung des Verwalters wird für max. 3 Jahre begrenzt. Tonbandaufzeichnungen bei der Jahreshauptversammlung werden ausdrücklich zugelassen. Somit wird der Verwalter gezwungen, nicht unsinnige Protokolle zu verfassen. Das Hausrecht des Verwalters erlaubt keinen Rauswurf des Eigentümers aus der Versammlung durch den Verwalter mit Hilfe der Eigentümer. Wenn die angeblichen Störungen zu groß sind, muss er die Versammlung beenden. Der Verwalter muss fähig sein, nach kaufmännischen Regeln das Eigentum zu verwalten (jetzt darf das jeder machen, ohne Befähigungsnachweis, gut für Anwaltschaften).

Die Eigentümer stimmen überhöhtem Wohngeld (Betriebs-kosten / Nebenkosten) zu, weil die Mieter die Kosten tragen müssen. Banken und Gewerbetreibende profitieren dadurch (unnötige Reparaturen, etc.). Keine Verschleierung der Rechtsbeugung durch Erzwingung der gewillkürten Prozess-standschaft. Indirekt Betroffene dürfen nicht über die

Prozessstandschaft abstimmen Jeder ist aktivlegitimiert. Es muss in der Sache entschieden werden.

WEG, Jahresabrechnung:

Die Jahresabrechnung wird von der jetzigen Einnahmen- / Ausgaben-Verbuchung auf Bilanzierung (Aktiva / Passiva) umgestellt. Die Außenstände am Ende eines Jahres müssen jetzt nicht in die Jahresabrechnung eingehen. Da geht schnell der Überblick verloren. Es werden bis zu 20% der Wohngelder zuviel einkassiert bzw. nicht nachvollziehbar abgerechnet.

Heizkostenerfassungsgesetz (Verordnung BGBl 1984/89).

Die Gemeinden bestimmen mittels Bürgermeister – Entscheid ob Verdunster (wenn diese genau genug sind) oder elektronische Geräte eingesetzt werden sollen. Damit wird der Wirtschaftslobby im privaten Bereich der Einfluss entzogen. Keine Ablesung durch Monopole. Der Warmwasserverbrauch darf nicht flächenbezogen abgerechnet werden, also es müssen Warmwasserzähler (m^3) verwendet werden, siehe unten Az. Nur so kann der WW Verbrauch eingeschränkt werden (Klimaschutz).

Produktion / Jobs:

Eine Grundversorgung von Dienstleistungen erfolgt durch die öffentliche Hand, wie Grund-/Hauptschule, Post, etc. dient teilweise als Auffangbecken von Arbeitskräften, die von der Industrie freigesetzt werden, eine Art ABM.

Ist der Markt nicht mehr aufnahmefähig für neue Produkte, so wird über die Verkürzung der (Lebens)-Arbeitszeit eine Massenarbeitslosigkeit vermieden. Die Lebensarbeitszeit erlaubt die Möglichkeit der Frührente und ist im Sinne der Generationen sinnvoll. Eine zu kurze Wochenarbeitszeit, zu viele Ruhetage, stören den Arbeitszyklus: Steuerung der 20% Produktion und 80% Dienstleistungsgesellschaft. Sinnvoll wäre, wenn 80% der Bevölkerung in den wertvollsten Schaffensjahren zwischen 20 und 45 in der Produktion tätig wären. Hier ist die Wertschöpfung größer als im Dienstleistungsbereich. Ab dem 50. Lebensjahr sollen dann 80% in der Dienstleistung tätig sein. Wer das 55. Lebensjahr überschritten hat, soll zu 100% Dienstleistung erbringen in Unternehmen, die nicht gewinngerichtet und gemeinnützig sind (reicht von Versicherungen über Banken bis Pflegebereiche). Ausgenommen sind Krankenhäuser und Ärzte. Über höhere Steuern wird die Anzahl der Überstunden gering gehalten. Die sogenannten Mac-Jobs sind verboten (400 € Jobs) als auch die sogenannte Scheinselbständigkeit. Ausnahmen von der Sonntagsruhe gibt es nur für gesellschaftlich unbedingt nötige Dienstleistungen, keine allgemeine Sonntagsarbeit. Damit soll verhindert werden, dass über den Verdienst→Konsum auch noch die letzten gesellschaftlichen Strukturen, wie Familie, gänzlich zerstört werden.

Die „vergleichende" Produktwerbung (Rahmengesetz) muss eingehalten werden, eventuell Ergänzung durch Extras zum Basismodell, z. B.: Autowerbung. Rahmengesetze auch für Grunddienstleistungen, wie z. B.: (Zahn-)Arzt. Es ist unsinnig, den Patienten über die Art der Behandlung bzw. Verwendung der Medikamente mitentscheiden zu lassen. Fehlt ihm doch jede Qualifikation dazu.

Arbeit macht nicht krank, sondern nur die gewünschte Ausbeutung durch die gezielte Steuerung im Sinne von Politik und Medien und meist einhergehendes, verursachtes Mobbing. Die Waffengleichheit verhindert dies.

Transfergelder bei Ein- und Verkauf von Sportlern wird untersagt. Profisportler müssen eine Pool-Versicherung abschließen, damit Verletzungen nicht von der Allgemeinheit getragen werden müssen.

Qualifikation:

Innerbetriebliche Weiterbildung wird vom Staat gefördert. Qualifikation soll Entlassung und gleichzeitigen Zukauf von Spezialisten verhindern. Die Wirtschaft muss einen Ausbildungsfonds unterhalten oder Ausbildungsquoten anbieten, die von Handwerkskammern und Fachschulen überwacht werden. Damit sollen Zustände vermieden werden wie in Kalifornien (7.

größte Wirtschaft der Welt), wo der Staat mehr Geld für Gefängnisse ausgibt als für die Bildung bzw. private Wachdienste doppelt soviel kassieren, als die Polizei dem Staat kostet.

Mitbestimmung / Arbeitnehmervertreter:

Die Tarifautonomie und der Flächentarif bleiben erhalten. Innerdeutsche Standortnachteile regelt der Markt. Ein Freikaufen von körperlich Behinderten bei Personalbedarf muss nachvollziehbar begründet werden. Schwarzarbeit gibt es nicht.

Mitbestimmung der Teilnehmer von öffentlichen Veranstaltungen über die Teilnahme von Behinderten. Es ist auch überhaupt nicht einzusehen, warum es zwei Olympiaden gibt. Eine für das Geschäft, Medien bzw. für die Gesunden und die andere für die Körperbehinderten, genannt Para(o)lympics. Offensichtlich darf der schöne Schein der Geschäftswelt nicht getrübt werden.

Banken :

Banken haben keine gewinngerichteten Geschäfte zu tätigen. Die Geschäfte der Banken werden zum Selbstkostenpreis angeboten. Banken und Versicherungen bieten ihre Dienste basierend auf den Allgemeinen Geschäftsbedingungen an (kein Bezug zum BGB), welche die Entflechtung von Banken und Unternehmen beinhalten. Es werden nur noch zweckgebundene

„Interbank-Kredite" (Bundesbank-Geschäftsbanken) erlaubt, die auch entsprechend überwacht werden. Somit werden Spekulationsgeschäfte großen Umfanges verhindert (Hedge-Fonds, etc.). Die spekulative Bewertung der Aktien wird unterbunden. Der Zugewinn erfolgt ausschließlich über unternehmensbestimmte Dividenden. Das Unternehmen hat bevorzugtes Rückkaufsrecht bzw. muss Aktien ab einem bestimmten Abschlag jederzeit zurücknehmen.

Wetten auf Derivate / Optionen (CFD) sind an den Börsen untersagt. Es ist die Waffengleichheit die verhindert, dass Geschäftsbanken zu Spielbanken werden und an den Spielbanken will die Affengleichheit noch Transfersteuer abkassieren. Keine Einhebung von Steuern an zwielichtigen Geschäften.

Alle Zahlungen von Privatpersonen und Unternehmungen werden über Bankkonten durchgeführt. Der erzielte Gewinn der Unternehmungen wird mit 20% besteuert. Gewerbetreibende unter 20 Mitarbeitern sind von der Buchhaltung befreit.

Kapital, welches dem Unternehmen für privatrechtliche Interessen > € 1 Mill. entnommen wird, ist mit 80% zu besteuern. Wird das Geld wieder in Unternehmen investiert, so sind die 80 % vom Finanzamt zurück zu erstatten, ohne Zinsen.

DIE MEDIEN-MACHT IV (4)

Schon die Gründungsväter der USA erkannten den damals zweifellos geringen, jedoch vorhandenen Einfluss des Print-Mediums auf die Massen und die damit gegebene Möglichkeit der Manipulation der Stimmungen in der Bevölkerung. Was einerseits zeigt, dass das Vertrauen in die Bevölkerung (Dummheit der Bevölkerung), bei einer Wahl eine sachbezogene Entscheidung zu treffen, damals nicht allzu groß war und da hat sich nichts geändert. Gemäß Verfassung kann der Präsident nur mittels Wahlmänner gewählt werden die ihrem Gewissen und nicht der Partei verpflichtet sind. Die Wahlmänner dienen als Filter, um Opportunisten und Populisten bzw. machtbesessene Personen von der Macht fern zu halten. Sollte der zu wählende Präsident nicht den Vorstellungen des Militärs passen, so ist es ein leichtes die Wahlmänner durch Gewaltanwendung so zu beeinflussen, dass der gewünschte Präsident gewählt wird. Vielfach wurde auch in ROM der Kaiser nicht durch den Senat bestimmt, sondern durch die Prätorianer Garde. James Madison schreibt: „Without safeguards..., elections become merley another tool in the hands of powerful and unscrupulous".

Die elektronischen Medien schaffen die Meinungsbildung der Bürger, damit diese die ausgewählte Systemmeinung sich zu eigen machen. Mittels elektronischen Medien wird Unterhaltung aus Film, Sport, etc. angeboten, teilweise gebührenfrei oder über Pay-TV.

Die öffentlichen Rundfunkanstalten finanzieren sich über Werbung oder Pay-GEZ. Niemand soll für kostenintensive Direktübertragungen zahlen müssen, wenn er diese gar nicht sehen will. Die Lizenzen muss der Veranstalter mit den Medien aushandeln. Gesetzlich verpflichtende Gebühren, wie GEZ sind untersagt. Jedoch kann sich jeder als Teilnehmer am Pay-GEZ anmelden, um das Signal zu entschlüsseln..

Es ist die Gebühren-Dosis die das Gift macht!

Offenlegen der Eigentumsverhältnisse im Medienbereich.

PGB, Wahrheitspflicht

Investigativer Journalismus benötigt Quellenschutz, welcher durch die Waffengleichheit gegeben ist. Lauschangriff gegen Medien ist daher abzulehnen. Personen müssen gegen Rufmord / mundtot machen, geschützt werden.

Hohe finanzielle Strafen werden angedroht, wenn gestellte Bilder so kommentiert werden, dass der Bürger die Echtheit der Situation annehmen muss (neue Verantwortung im Sinne der Presse). Die systemhörigen Medien (Medialer Terror) helfen der Verschleierung.

Die Waffengleichheit kann die potemkinschen Dörfer (Trugbilder) nicht verhindern, doch es fehlt der Adressat, nämlich Politik und Parteien. Die Förderung der tierischen, perversen Triebe (Sex and Crime) der Menschen einerseits und gleichzeitige Ausnutzung der heuchlerischen, emotionellen

Gefühlsduselei andererseits und die damit verbundene Sensationslust, kann keinen politischen Schaden mehr anrichten. Die vorhandene Triebbesessenheit vieler Menschen kann nicht per Gesetz verboten werden. Der freie oder schwarze Markt wird die Nachfrage immer befriedigen, egal ob dabei Kosten für die Allgemeinheit entstehen.

Die Waffengleichheit verbietet Werbung für Zigaretten, Schusswaffen und Alkohol (Prohibition-USA)., etc. nicht. Es gibt kein Werbeverbot für Waren und Gedanken. Der Jugendschutz muss sichergestellt werden.

Eine gewisse negative Vorprägung durch die Medien haben Begriffe, die mit „ISMUS" (genannt: Ismen) enden, wie Kapitalismus, Katholizismus, etc. oder man verwendet andere Endungen: Tourismus wird zu Touristik, Realismus zu Realistik, oder Rassmischmus zu Anthropologie, etc.

Die Deutschen sind die beflissenen Schüler der Globalisierung bis hin zur Deformierung der Sprache. Vielfach werden Anglizismen verwendet, wie, Task Force, Compliance Ruls, Kids, inhaltsleere Wörter wie Event, Sale, Hype = Hysterie etc. Oder die Journaille verwendet lateinische, griechische Begriffe um die eigene Überlegenheit darzustellen (Ambition). Ein besonders perfider Gebrauch ist der Begriff „Orientierung", wissend, dass hier die Schacherei des Basars gelebt wird. Der Begriff Orientierung soll das Verhalten der Europäer verinnerlichen. Die erwähnten Begriffe müssen aus den öffentlichen Medien entfernt werden. Orientierung wird durch das deutsche Wort „Einschätzung" ersetzt. Eine neue Art der Verpackung ist die sogenannte DiBellik (Didaktik, Lehre zum Übermitteln von Infos, Belletristik, Schönfärberei,

Euphemismus) oder Infotainment. Was es nun wirklich ist, mag jeder für sich herausfinden.

Das Quorum verhindert eine Medien inszenierte Anlassgesetz-gebung, intern wegen angeblicher Menschenrechtsverletzungen (☺ smile Gesellschaft ☹ / ☺ Gutmenschen ☹) oder extern veranlasst durch EU, NATO, etc. Die Medienmacht wird in Schach gehalten. Die Drohung „Willst du nicht mein Bruder sein, dann hau ich dir den Schädel ein" kann nur begrenzt werden. Gegen die Bösartigkeit in den sozialen Medien vorzugehen schränkt die Meinungsfreiheit ein (kein Netzwerkdurchsetzungsgesetz, dies wäre der Maulkorb für alle).

Schlussanmerkung **Waffengleichheit**

Nur wer selbst bestimmen kann und weiß was er will, bleibt gesund. Die Waffengleichheit gibt dem Bürger die Würde die er braucht und nicht Art. 1 GG und nicht das rechtsstaatliche Gefasel. Willenlose Menschen sind keineswegs empathisch. Sie geben sich Vortänzern von Kirche und Staat gerne hin. Dies fördert die Korruption durch Politik und Wirtschaft im Sinne von teile und herrsche. So füllen sich kleine machtbesessene Gruppen ihre Taschen, gottgewollt. Es darf nicht sein, dass die „juristischen Personen" durch die Gerichte gegenüber „natürlichen Personen begünstigt werden.

Der Wunsch der Bürger nach Zusammenhalt wird durch die Medien düpiert. Es ist die Psyche mit der die Medien ihre Geschäfte machen und die Helfer stehen Schlage. Doch das Honorar für die Hilfe von Anwälten und Ärzten ist hoch und meist sinnlos beim Fenster rausgeschmissen. Eine aggressive, hierarchische Gesellschaft ist vielleicht gut für die Wirtschaft, aber sicherlich schlecht für die Gesundheit.

Hier noch ein Zitat von Abraham Lincoln, Präsident der USA von 1860-65: Schafft die Zölle ab und unterstützt den Freihandel, dann werden unsere Arbeiter in jedem Bereich der Wirtschaft wie in Europa auf das Niveau von Leibeigenen und Paupern heruntergebracht!

Man teilt das Brot mit dem Gast jedoch nicht seine Heimat. Wer seine Heimat teilt wird sie auf immer verlieren! Das gilt für alle Völker. Nur wer viel Land hat, kann der Realität eine Zeitlang entfliehen.

Waffengleichheit gibt die Kraft was Neues zu wagen. Eratosthenes (Leiter der Bibliothek von Alexandria) hat schon um 240 v. Chr. den Umfang der Erde mit 37400 km berechnet. Welch eine Leistung. 80 v. Chr. Heronsball, Dampfmaschine der Griechen. Die Leistung der Phönizier, Schrift durch Buchstaben (Mitlaute) festgelegt, ist hoch einzuschätzen, ergänzt durch die Griechen mit Selbstlauten. Das Dezimalsystem, einschließlich der Ziffer „Null" wurde um 876 von Indern erfunden. Das römische Zahlensystem kennt die „0" nicht.

Ohne Waffengleichheit ist das Ergebnis nur Affengleichheit, die sogenannte **Modekratie** (mo ist mit de vertauscht), siehe dazu Schlussanmerkung Affengleichheit

---

ENDE **Waffengleichheit**

DER MENSCH
SEINE IDENTITÄT

Waffengleichheit und Affengleichheit haben nur bedingt Bezug zum Menschen, stellen beide ein Machtsystem dar. Doch der Verfasser sieht sich veranlasst, als Pflichtaufgabe auch die Wünsche und Ängste der Menschen, soweit nötig, darzustellen ohne Schönfärberei zu betreiben. Niemand wird als Verbrecher geboren. Es ist die Affengleichheit der Democrazy die ihren eigenen Bürger zum Verbrecher macht, siehe unten: KOSTEN Sozialstaat: Wo gehobelt wird fallen auch Späne.

Es ist die Psyche welche die Identität der Menschen bestimmt, welche wiederum durch die Sprache entscheidend beeinflusst wird. Ein Beispiel: In den USA ist die Bezeichnung der Flüsse natürlich „männlich, Der Mississippi". Die Bezeichnung der französischen Flüsse ist „weiblich, Die Seine". Und in Deutschland haben die Flüsse beliebige Geschlechter bzw. sind der multikulturellen Vielfalt angepasst, wie „Der Rhein, Die Donau, Der Inn, Die Elbe, etc.". Oder wer überall zu Hause ist (Globalisierung) ist nirgends zu Hause.

Die Masse lässt sich gerne durch die Feindbilder der Medien beeinflussen und kotzen ihre bösen Kommentare in die Mikrofone. Andersdenkende werden als Rassisten, etc. beschimpft. Der sogenannte Rassismus ist unbestreitbar ein Rassmischmus. Dies soll die Identität des dann fremdenfeindlichen Volkes zerstören. Die ca. 1 Mill. Asylanten des Jahres

2015 kosten jährlich ca. 22 Mrd. €, also ca. € 2000 / Monat, entsprechend öffentlicher Angaben. Diesen Betrag muss die produktive Bevölkerung über Jahrzehnte erarbeiten. Nur ca. die Hälfte ist gewillt jemals eine Arbeit aufzunehmen. Die Politiker nennen dies einen Vorteil und die vielen Gutmenschen glauben dies auch noch im Sinne: was du nicht bekämpfen darfst musst du umarmen. Dabei ist es unklar wer wen erdrückt. Jedenfalls erstickt die Würgefeige den Wirtsbaum. Der Verfasser kann zu gut verstehen, wenn die Menschen aus den Gebieten fliehen, wo die USA und deren Helfer die Bomben, heute genannt Luftschläge, runter schmeißen. Dies ist Terror der herrschenden Klasse. Also Gefährder / Terroristen sind der Vorwand für den Raub der Grundstoffe der betroffenen Länder.

Rom ist an seiner eigenen Dekadenz und Zuwanderung, heute Globalisierung genannt, zu Grunde gegangen und Brüssel ist unterwegs dort hin. Es sind die Repräsentanten, Verwaltung, etc. die sich die Taschen voll stopfen und die Gelder dann für amouröse Dienste ausgeben, denn diese Menschen beginnen erst am Abend zu arbeiten. Die sogenannten Sexarbeiterinnen haben doch nichts mit Arbeit zu tun. Keine Stadt Europas bietet so viele Liebesdienste pro 100 Tsd. Einwohner an. Die sogenannten Reformen beschneiden die Einkommen der arbeitenden Menschen, damit der Selbstbedienungsladen in Gang gehalten werden kann. Dies geht solange gut, bis der Druck im Kessel explodiert und sich dann die Brandstifter zu Feuerwehrhauptmännern wählen lassen. Ist der Fressnapf leer, dann wird es gefährlic h.

Menschen mit unbestimmter Identität sind leicht von der Politik und der IV. (4) Macht beeinflussbar und hoffen, dass ein erhabenes Wesen für sie spricht, also Repräsentanten von Kirche und Staat. Jedoch die Repräsentanten lassen sich fürstlich entlohnen und dafür gibt es ein paar Hätscheleien, auch Täuschungen und Lügen genannt. Die Niveaus der Auseinandersetzung mit den Menschen bzw. Medien, ohne Waffengleichheit, bestimmen diese. Es macht keinen Sinn eine akademische Auseinander-setzung zu führen, wenn das Gegenüber die Sache nicht verstehen kann oder will. Die Satire, als Hofnarr Geschwätz, kann da helfen, jedoch geht dann meist der Sinn verloren und es ist nichts erreicht. Also viel Unterhaltung bzw. Palaver sollte man vermeiden. Und Tacheles reden kann schnell in eine wertlose und gefährliche Konfrontation führen.

Religionen, die den Machterhalt stützen, werden von der herrschenden Klasse als Grundprinzip des Rechtsstaates dargestellt, wissend dass die Strukturen der Religionen immer diktatorisch sind. Ähnliches gilt die Liebe betreffend. Diese ist auch von den Männern erfunden, um das weibliche Wesen leichter gefügig zu machen. Die Vergewaltigung erträgt diese leichter, wenn man ihr einredet, dies sei aus Liebe geschehen, ansonsten werden die Frauen noch als Emanzen beschimpft. Der Mann braucht den Geschlechtsakt nicht erlernen. Doch die Frau müsste erst mal lernen, wie man den Höhepunkt erreichen kann. Wenn sie es weiß, sollte sie ihm das sagen, wie er es zu machen hat. Frauen die oft ein genussreiches Sexualerleben haben bekommen auch keine Wechseljahrbeschwerden. Im Gespräch ist leicht herauszufinden, wie es um die Frau steht.

Der Verfasser will kein Psychiater sein und beendet die Thematik.

Eigenarten der Menschen haben immer ihren Ursprung in fehlgeleitetem Verhalten durch die gesellschaftliche Umgebung. Die Unterscheidung hat immer einen sexuellen Hindergrund und es wird der Vorwurf der Diskriminierung gebraucht. Jeder kann doch machen was er will, solange er den anderen nicht provoziert oder schädigt. Aber die wollen eben auffallen um jeden Preis. Die Volksverdummung der Kinder durch die Eltern und Medien zerstört ein harmonisches Zusammenleben zwischen Buben und Mädchen. Die Mädchen werden in Selbstverteidigung unterrichtet, um auf die Buben einprügeln zu können. Dabei gelten die Mädchen noch als die Guten und die Buben als die Bösen. Dies führt zu ständigen Streitereien in Grund- Mittelschulen und Gymnasien. Beschwerden der Buben werden nicht ernst genommen. So transformiert die Affengleichheit das Patriarchat in das Matriarchat der offenen Grenzen, siehe dazu auch Ellis Island vor New York City.

Die sogenannte „künstliche" Befruchtung, auch Reproduktionsmedizin genannt zerstört das Erbgut für kommende Generationen. Die meisten Babys kommen mit Behinderungen zur Welt. Durchschnittlich sind Kinder in ihrer Entwicklung um 2 Jahre zurück gegenüber anderen natürlich gezeugten. Dies konnte durch Vergleichstests des 4. Schuljahrganges festgestellt werden.

Unwort des Jahres: Vaterlandsverräter, post-faktisches soll heißen, das Volk ist deppert. Mediale Vereinigungen verpassen ihren Maulkorb dem Bürger als Schimpfwort des Jahres.

Lied aus der Schweiz von 1810: **Die Gedanken sind frei.**
(Kurzfassung des Buches spiegelt sich in diesem Lied)

Die Gedanken sind frei, wer kann sie erraten?
Sie fliehen vorbei wie nächtliche Schatten.
Kein Mensch kann sie wissen kein Jäger erschießen
mit Pulver und Blei: die Gedanken sind frei!

Ich denke was ich will und was mich beglücket,
doch alles in der Still und wie es sich schicket.
Mein Wunsch und Begehren kann niemand verwehren,
es bleibet dabei: die Gedanken sind frei!

Und sperrt man mich ein in finsteren Kerker,
ich spotte der Pein und werde noch stärker;
denn meine Gedanken, sie reißen die Schranken
und Ketten entzwei: die Gedanken sind frei!

Ergänzung:
Das Wort will nicht schweigen, das Ohr will nur Geigen
(hören), in Dummheit und Stolz im Scheine sich zeigen,
die Antwort bleibt aus, die Welt ist ein Graus.
Es ist nicht zu Scherzen, gibt Beileid von Herzen.
Es bleibet dabei, die Narren sind frei!

Gesslerhut schafft ruhig Blut !

Wer das Bessere nicht will,
    ist das vermeintlich Gute nicht wert

Aus gegebenem Anlass: Die Repräsentanten der Demokratie bzw. des demokratischen Rechtsstaates in Deutschland und sonst wo haben die <u>Diktatur der Scheinheiligkeit</u> geschaffen. In der Demokratie verschwindet das Individuum in der Anonymität. Der Mensch hat keine Wertigkeit mehr, also er ist ein „es", bedeutet ein lebloses Objekt.
Die WHO erzwingt durch Anonymisierung der Corona Mutation eine Identitätslosigkeit der Gesellschaften. Die Britische Mutation wird in Zukunft als „Alpha" bezeichnet, die Brasilianische als „Beta", die Südafrikanische als „Gamma", genannt Omikron, die Indische als „Delta", etc. Die sogenannten „Farbigen" haben keine Identität. Der Rassismus ist eine Erfindung des Machtsystems Demokratie. Vielfalt zerstört den Gen-Pool. Nur die Selektion verhindert den Rassmischmus, der eine Sackgasse ist und der Ausbruch aus der Sackgasse wird viele Opfer fordern.

AFFENGLEICHHEIT

Man redet solange auf den anderen ein bis er aufgibt, genannt **„Einreden"**. Du hast zwar Recht, bekommst aber dein Recht nicht. Der Bürger soll sich totlaufen. Und der sogenannte Rechtsbeistand verursacht dann noch hohe Kosten. Entscheidend ist das Grundprinzip: Teile und herrsche. Es schafft wohlgesonnene Kostgänger im Sinne der herrschenden Klasse (hK) der parlamentarischen Demokratie Deutschlands. Die komplizierten bzw. kompliziert gemachten Zusammenhänge werden beschrieben.

Machiavelli Toskana / Florenz 1515, Sohn eines hohen religiösen Würdenträgers schreibt in seinem Buch „Der Fürst" (ungehemmte Machtpolitik): „Weil alle Menschen schlecht sind, berechtigt dies den Fürsten auch schlecht zu sein".

Zitate von Archimedes: „Die Zivilisation geht in einem Ozean des Barbarentums (Barbarei) unter".

Zitat von Tacitus Schriftsteller, geb. 55 n. Chr. - † 105, schreibt: Solitudinem faciunt, pacem appelant. Soll heißen: Plündern, morden, rauben nennen sie, der Kaiser bzw. dessen Verwaltung, mit falschem Namen Imperium und wo sie eine Wüste schaffen, nennen sie es Frieden, genannt Pax Romana, heute zerstört das sogenannte ständige Wachstum im Sinne des Konsums die sogenannte Pax Europa.

Der Bleistift ist schlimmer als die Bleispritze. Der Bürger erkennt das Gefahrenpotential des Bleistiftes nicht (Affengleichheit).

Die Globalisierung ist der Virus der die Menschen zerstört und einen Müllhaufen zurücklässt. Der sogenannte „Lockdown" verhindert ein soziales Leben und der Maskenzwang ist der Maulkorb der den Bürger vor sich selber schützen soll. Wichtig ist, dass die Banken und Börsen ihre Geschäfte ohne Störung betreiben können. Helfer bei der Verteilung der öffentlichen Gelder (Konjunkturprogramm) wollen hoch belohnt werden.

REPRÄSENTATIVE DEMOKRATIE

<u>Einleitung:</u>

In der repräsentativen bzw. parlamentarischen Demokratie Deutschlands kann das Volk sich Repräsentanten bzw. Volksvertreter mittels Wahl wählen, die dann vorgeben sie würden eben „einen" Wählerauftrag erfüllen und dieser wird mit der Angelobung der Regierung erfüllt. Die Aufgabe des arbeitenden Volkes ist es dann, das Füllhorn der Regierung für teilweise abenteuerliche Zwecke, die direkt gegen die arbeitende Bevölkerung gerichtet sind, zu füllen. Nur ein gut gefülltes Füllhorn macht die Parteien mächtig. Den einzigen Fehler den die Regierung machen kann, ist der Machtverlust. Dann schlägt das Pendel in die andere Richtung (Erb-Democracy). Der Verfasser muss sich wundern, dass sich noch immer so viele Bürger von der „Erb-Democrazy" verschaukeln lassen. Wie kann es dazu kommen!?
Der Aufbau des Pyramide wird durch die Gesellschaft mit beschränkten Haftung beschrieben, sie ist in Schichten aufgeteilt. Jede Schicht besitzt ein eigenes Machtpotential, das in bestimmte Richtungen wirkt (Ist-Zustand). Neben den traditionellen Mächten (Legislative, Judikative, Exekutive) wird auch die Wirkung der IV. und V. Macht (Medien und Volk) näher beschrieben.

<u>Pyramiden Spitze:</u> öffentliches (politisches) Machtzentrum, Regierungsebene. Der Rechtsstaat, und jeder Staat der UNO ist ein Rechtsstaat, verpflichtet den Bürger, ihm die materiellen

Mittel zu geben, die er benötigt. Der Anteil wird durch die Machtkosten bestimmt, die sehr unterschiedlich sein können.

Null Schicht: Verfassungsgericht, GG
Erste Schicht: Legislative, Gesetzgebung
Zweite Schicht: Wirtschaft, geschlossenes Machtzentrum
Dritte Schicht: Judikative, Gerichte, geschlossenes bzw. geheimnisvolles   Machtzentrum. Hier wird die ordentliche Gerichtsbarkeit (Zivil- und Strafsachen) auszugsweise beschrieben mit Hinweisen auch auf andere westliche Rechtsstrukturen.

Pyramiden Sockel: Exekutive u. Produktion bzw. Bevölkerung
Hier wird beschrieben, wie die Schichten und Medien auf die Bevölkerung einwirken und welcher Mittel sie sich bedienen, um die Machtausübung gegenüber der Bevölkerung zu verschleiern (Brillentausch: Milchglas Brille, Rosarote Brille, Horizontal polarisierte Brille, etc.).

Reihenfolge der Beschreibung:

GESELLSCHAFT MIT BERSCHRÄNKTER HAFTUNG

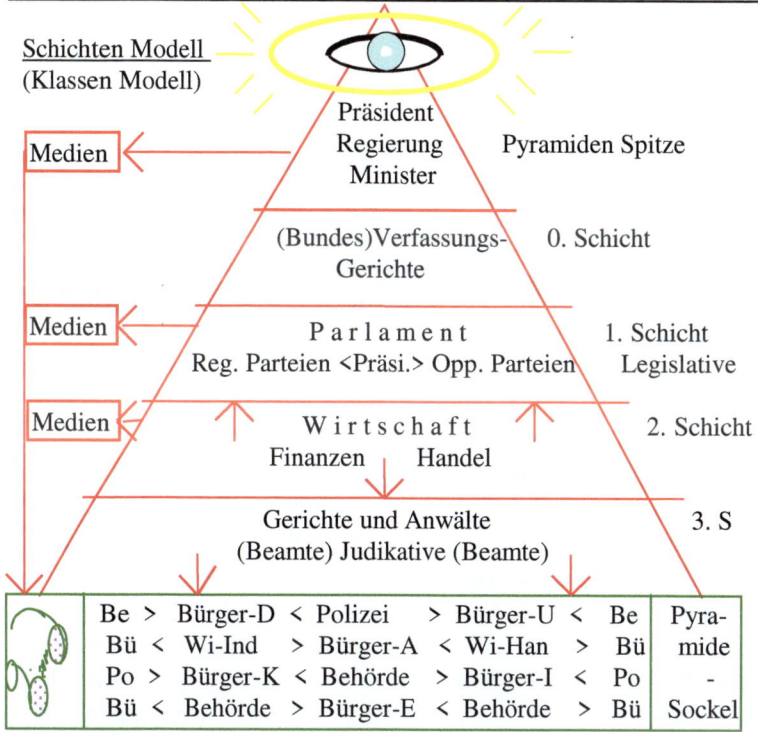

Schichten Modell
(Klassen Modell)

Präsident
Medien
Regierung   Pyramiden Spitze
Minister

(Bundes)Verfassungs-   0. Schicht
Gerichte

Medien
P a r l a m e n t   1. Schicht
Reg. Parteien <Präsi.> Opp. Parteien   Legislative

Medien
W i r t s c h a f t   2. Schicht
Finanzen   Handel

Gerichte und Anwälte   3. S
(Beamte) Judikative (Beamte)

Be	>	Bürger-D	<	Polizei	>	Bürger-U	<	Be	Pyra-
Bü	<	Wi-Ind	>	Bürger-A	<	Wi-Han	>	Bü	mide
Po	>	Bürger-K	<	Behörde	>	Bürger-I	<	Po	-
Bü	<	Behörde	>	Bürger-E	<	Behörde	>	Bü	Sockel

Bü = Bürger   Sockel Symbol: „< / >" = gegen
Po = Polizei (Exekutive) , Be = Behörde (Exekutive)
Wi-Ind = Wirtschaft-Industrie, Produktion
Wi-Han = Wirtschaft-Handwerk,
D = Deutsch, U = Europäische Union, A = Ausland
K = Katholisch, E = Evangelisch, I = Islamisch

Beschreibung Pyramiden **Sockel: Staatsbürger**

Der Pyramidensockel (Bevölkerung) hat entsprechend der Schichten zu funktionieren. Die in der Bevölkerung vorhandenen traditionellen Werte wie Glaube, Kultur, Erziehung, etc. werden durch das Konsum-System schrittweise ersetzt, gemäß des Spruches: „Zuerst kommt das Fressen und dann kommt die Moral". Doch ein Leben ohne Wertebasis (Vernunft) hält der Mensch nicht aus, sonst wäre er auch mit dem Vieh auf einer Stufe. Zusätzlich wird die vorhandene Bevölkerungsstruktur mit wachsenden fremden Gesellschaften durchsetzt bzw. durchmischt, was das Konfliktpotential in der Bevölkerung erhöht, gemäß dem Spruch: „Wenn sich zwei streiten, freut sich der Dritte". Die Wähler dürfen alle 4 Jahre ihre "Stimme" für Bundestags- bzw. Landtagswahlen abgeben und wundern sich nachher, dass sie nicht mehr gehört werden. Der nun gewählte Repräsentant ist jedoch im Wesentlichen nur seiner Partei (Fraktionszwang) verpflichtet und nicht seinem Gewissen, der Herdentrieb tut sein übriges dazu. So wird der Wähler, der die 5. Macht im Staat darstellen könnte, zum Stimmvieh degradiert. Die Medien, welche die IV. **und wahre Macht** im Staate darstellen, die „keine physikalische Zuordnung zu einer Systemschicht" erlauben (gehören weder zur Pyramide noch zum Sockel), wecken gemeinsam mit der Wahlkampfphase der Parteien alle 4 Jahre den Wähler für wenige Monate aus seiner vorhandenen Ohnmacht. Es gilt dann, die Pfründe der gesamten Pyramide für eine Legislaturperiode (meist 4 Jahre) abzusichern. Eine gewisse Opposition ist als Alibi-Funktion in jeder Schicht (1-3) zugelassen. Dieses oppositionelle Verhalten wird dann von der Bevölkerung nachgeahmt (jeder gegen jeden), nur mit dem einen Unterschied, dass die Kosten dieser Auseinandersetzungen die Bevölkerung selbst bezahlen muss (z. B.: vor Zivilgericht (BGB, Eherecht, Beleidigungsklagen, etc.; „Außer Spesen NIX gewesen"). Wer jedoch immer andere für sich entscheiden lässt, besonders im persönlichen Bereich, entmündigt sich selbst. Fällt so mancher Bürger, teilweise durch eigene Überheblichkeit auf die Schnauze (Strafrecht), so wird für humanen Strafvollzug bzw. Rehabilitation viel Geld bereitgestellt. Auch eine Kirche ohne Teufel (Strafvollzug-Hölle) ist nicht vorstellbar. Durch die geistige Faulheit der Bevölkerung merkt diese nicht, dass den Menschen für fast jede Auseinandersetzung die entsprechende Brille (Medien, Konsum, Moral, etc.) aufgesetzt und somit das gewünschte Ergebnis erzielt wird. Kommt es trotzdem zu unerwünschten Nebenwirkungen, so fragen sie ihren Anwalt (Arzt) oder Polizisten (Apotheker).

Nun kann die Fahrt im Labyrinth der Verwaltung / Justiz beginnen. Man wird meist gezwungen einen Schrittmacher einzukaufen, der dann das Tempo und den Weg bestimmt. Dazu werden verwaltungstechnische Hindernisse bzw. Regelabläufe erfunden, sodass es auch den Schrittmachern oft nicht möglich ist, den letzten, gültigen Stand zu kennen. Urteile, auch schwerwiegende, lassen die Gerichte, je nach Staat, von im juristischen Sinne unqualifizierten Menschen (Schöffen, Geschworene) fällen. Auch im alten Testament durfte ein Blinder den ersten Stein werfen, um die gerechte Strafe anschließend vollziehen zu können. Es gibt genügend Beispiele im In- und Ausland, wo die Medien mit Erfolg Einfluss auf die

Gerichtsverfahren und damit Urteile nehmen, weil aus meist politischen, kulturellen, rassistischen Gründen, national oder international, ein bestimmtes Urteil erwartet wird. So ist es in den USA möglich, dass im Strafverfahren der Angeklagte freigesprochen wird, jedoch im Zivilverfahren für das gleiche Delikt verurteilt wird (s. 3. Schicht, Strafprozess, Simpson).

Von den Medien, der 4. wahren Macht im Staat, wo die Frauen auch großen Einfluss haben, wird besonders die MultiKulti-SchickiMicki Gesellschaft gefördert. Mit Chaos / Pervertierung wird viel Geld gemacht. Das Verhalten des Mannes ist zielgerichtet, hat sich aber in den letzten 50 Jahren stark verändert. Die Frau sieht den Weg als Ziel an. Wo soll der Weg hinführen? Beraubt einer gesellschaftlichen, geistigen Wertebasis nimmt die Orientierungslosigkeit (also der Orient als Wertebasis) in der Gesellschaft immer mehr zu, was zu unterschiedlichen, meist unerwünschten Nebenwirkungen bzw. Zuständen für die Bürger führt.

Der Bürger muss die Kosten für das Machtsystem aufbringen und erhält dafür eine gewisse Belohnung (Zuckerbrot und Peitsche). Das Machtsystem, die Pyramide, hält den Bürger durch die Wirtschaft auf einem hohen effektiven, materiellen Produktionsstand und es sorgt dafür, dass unliebsame Störungen rechtzeitig erkannt und entfernt werden bzw. wenn dies nicht möglich ist macht man sich selbst zum Sprachrohr in der Sache, um dann selbst die Menschen in die gewünschte Richtung zu steuern. Zusätzlich wird der Bürger durch die sogenannte Globalisierung in einen mörderischen Konkurrenzkampf mit Billiglohnländern gezwungen, obwohl schon längst bekannt ist, dass die Globalisierung eine Falle für den qualifizierten, teuren Arbeiter ist. Daher reden auch viele von der Globalisierungsfalle. Dem Machtsystem ist das egal und es verfährt nach dem Motto: nur wer Probleme schafft, schafft sich Arbeit (Einkommen) und die Pyramide rationalisiert sich doch nicht selber weg! Zuerst wird zerstört, z.b.: Familie / Gesundheit / Umwelt und dann wird therapiert / rehabilisiert / rekultiviert. Man schmeißt das Kind in den Brunnen, um es dann medienwirksam wieder aus dem Brunnen zu ziehen, lebendig wenn möglich, als Erfolg (Politik der destruktiven, gerechtfertigten Aktion).

Kosten / Nutzen aus der Sicht des Bürgers werden nun beschrieben sowie die Verwaltung / Wirtschaft aus der Sicht des Machtsystems.

Die **KOSTEN** des gelackmeierten DEMOKRATEN in seiner OHNMACHT sind

Identitätsverlust / Orientierungslosigkeit:

Da die alten Wertvorstellungen wie Kirche / Adel / etc., kaum eine Bedeutung beim Bürger mehr haben und das Machtsystem durch falsche Versprechungen das Vertrauen in der Bevölkerung verloren hat (Steuerlüge, Rentenlüge ,etc.), wird die Stimmung / Verhaltensweise in der Bevölkerung ganz wesentlich durch die Medien geprägt. Die Medien predigen Individualität und Konsum, was dem Bedürfnis des Menschen nach sozialer Gruppenbildung, Zugehörigkeit und damit Identität entgegenwirkt. Die Freizeit wird durch die Fan- bzw. Trend-Markengruppe bestimmt, reicht vom Turnschuh bis zur

Droge. Das Machtsystem und die Medien fördern eine heterogene Bevölkerungsstruktur und -kultur (MultiKulti), was der eigenen gewachsenen Bevölkerung entgegenwirkt und so wird zusätzlich Spannung unter den Menschen aufgebaut und die Kräfte in horizontaler Ebene gebunden (horizontal polarisierte Brille). Man geht vielleicht ins Theater, will aber das Theater nicht Zuhause haben. Die Heftigkeit der Auseinandersetzungen werden dann durch den Machtapparat des Staates, der Polizei und Justiz bekämpft. Das System gibt sich dann als Friedensstifter aus und erzwingt Achtung und Autorität von der Bevölkerung. Für besondere Verdienste oder Verdienen verleiht das System Ehren-Orden. Die Pyramide ist nur dann in der Existenz gefährdet, wenn sich eine Massenhysterie entwickelt.

Der sogenannte Schmelztiegel Amerika (USA), wo immer was los ist, Schmelztiegel der Rassen, ist ein warnendes Beispiel für ein gesellschaftliches Zusammenleben, denn die Gewalt kostet dort ca. 35-tausend Tote (Morde +Totschlag, M+T) jährlich. Die M+T-Rate pro 100-tausend Einwohner ist 9,8 (1992). New York hat etwa so viele Einwohner wie Nordrhein-Westfalen(NRW). NY hat eine M+T-Rate von 29,3, NRW von 0,9, Bayern von 0,5. Trotz der Todesstrafe werden in NY jährlich ca. 4900 Morde begangen. Washington-DC ist einsame Spitze mit einer M+T-Rate von 80,1 (1992). Da die Regierung von Deutschland ihren Lehrmeister in den USA sieht, werden auch bald hier ähnliche Verhältnisse wie in den USA sein.

Eine besonders eigenartige Prägung des Identitätsverlustes wird im Asylbereich geduldet (Paß und Erinnerung wegwerfen). So kostete die Identifizierung von 3 Afrikanern durch den gambischen Botschafter 1997 ca. DM 25000, Duldungskosten, Abschiebungskosten nicht inbegriffen.

Flucht in die Irrealität:

Das traditionelle Betäubungsmittel (Rauschmittel,) für das gemeine Volk ist die Religion, genannt „Opium für das Volk". Wegen der besonderen Verpackung erkennt die Bevölkerung die Machtausübung nicht. Traditionell unterstützen die Kirchen die Machtsysteme. Wer Kirchen ablehnt und sich in seiner Ohnmacht Hilfe bei den Sekten erwartet, kommt meist vom Regen in die Traufe. Lässt man andere für sich denken, braucht man sich nicht wundern, wenn man einen (hohen) Preis zahlen muss. Wer nicht kämpft, der hat schon verloren. Rauschmittel (Alkohol, Drogen, etc.), welche die Körperfunktionen zerstören, sind nur wegen der hohen Nachfolgekosten ein Problem für die Gesellschaft.

Religionskriege werden wegen reinem Machterhalt mit Hilfe des irregeführten Menschen angezettelt. Es muss die göttliche Wahrheit verteidigt werden. Die Strafe Gottes folgt auf den Fuß, also sofort. Der 30 jährige Krieg hat 1/3 der deutschen Bevölkerung dahingerafft. Auch die Pogrome der Juden gehören in diese Kategorie. 381 wurde auf dem ersten Konzil von Konstantinopel (Nicäno-Konstantinopolitanum) das Christentum der 3 Faltigkeit (Trinitariern) gegen den Willen der Arianer (Arianismus, Irrlehre, Heräsie) als einziges Glaubensbekenntnis bestimmt. 380 erklärte Kaiser Theodosius I das Christentum zur einzigen, erlaubten Religion des

Imperiums. Die Vereinbarung von Mailand 313 (Religionsfreiheit) zwischen Westkaiser Konstantin und Ostkaiser Licinius wurde missachtet. Von Kaiser Konstantin wurde das erste Konzil von Nicäa 325 (Türkei) einberufen, um die Einheitslehre des Christentums zu festigen (Sonntag, erster Tag der Woche wurde zum Tag des Herrn erklärt (Ruhetag / Gebetstag) , Osterfeiertage, etc.). Es wurde solange abgestimmt bis über die erlaubten Evangelien des Kaisers entschieden war, Niederschrift erst im 4 Jhdt. der überlieferten Texte (Griechisch: Evangelien → frohe Botschaft). Es folgten die ersten Bücherverbrennungen der Bücher des Bischofs Arius. Frauen waren vom Konzil ausgeschlossen. Nun ließ der Bischof in Kallinikon am Euphrat 388 die aufgehetzten Menschen die Synagoge niederbrennen. Ambrosius, der Bischof von Mailand, Kaiserresidenz, hat großen Einfluss auf den Kaiser und verhinderte, dass die Synagoge wieder aufgebaut wurde. 411 wurde die Pax Romana entgültig durch die Germanen zerstört.

Individualität (scheinbar):

Die Demokratie gaukelt den Menschen vor, dass jeder Mensch anders empfindet und anders ist und dass seine Meinung, welche er als Bewusstseinserweiterung täglich über die Medien konsumiert, aus seiner Sicht ein ganz besonderes Gewicht hat. Das hat zur Folge, dass aus Detaildarstellungen in einer Sache ein falsches Gesamtbild entsteht. Je größer der Individualismus, um so größer ist die Charakterlosigkeit (Egoismus) der Menschen. Das Ergebnis ist, dass viel gesprochen wird, jeder einen Monolog führt und keiner zuhört und am Ende des Palavers das Thema sich in Luft aufgelöst hat. Das Problem bleibt jedoch bestehen. Auch die Kirche tut so, als wenn jeder ein Abbild Gottes wäre und der Papst sagt: die Wahrheit lässt sich nicht demokratisieren, weil sie von oben (Gott) kommt. Diese überzogene Individualität bzw. Selbstverwirklichung hat bereits die Familie erfaßt, wo ein Grundpfeiler unserer Gesellschaft zu zerbröseln beginnt. Der Mann hat als Spielzeug die Frau, die Frau das Kind und das Kind bekommt eine Puppe oder Handy, 2 oder 3? Es lernt den Konsum kennen. Die Zeugungsfähigkeit der Männer in allen westlichen Industrieländern hat sich seit Anfang der 60er Jahre halbiert (Samenfädenaktivität). Damit wird dann die Zuwanderung von den sogenannten „Internationalisten" auch begründet (siehe Medien). Rothschild sagte einmal: „einen Stab bricht man leicht, ein Bündel Stäbe jedoch nicht"! Solche Individualisten können leicht durch geringen Druck von außen manipuliert werden. Der Mensch wird nie erwachsen. Zuerst hält er sich am Rockzipfel der Mutter fest und dann wenn er selber ein Kind hat hält er sich an der Hand des Kindes fest.

Auch der Datenschutz vermittelt den Menschen Individualität und der Bürger meint dann, er sei etwas besonderes. Doch welche Daten sollen denn geschützt werden? Auch schon früher war und ist der Arzt zur Verschwiegenheit verpflichtet. Die Post unterliegt dem Postgeheimnis. Der Industrie und Verwaltung können die Daten der Privatperson sowieso nicht vorenthalten werden. Also dient der Datenschutz nur dazu, die Kommunikation (Information) von Privatpersonen untereinander zu erschweren bzw. zum Schutz der Pyramide insgesamt.

Eine besonders perfide Täuschung ist die teilweise gesetzliche Verordnung zum Schachern, der Orient lässt grüßen. So kann man, wenn man kann, doch wenig erfolgreich, mit den Fachberatern über Konditionen verhandeln, das reicht von Kosten für Energieversorgung / Zinsen Sparguthaben / Börsengebühren über Telephongebühren bis zum (Zahn)-Arzt. Hier versucht man den Bock, also den Kunden und Nichtfachmann zum Gärtner zu machen. Der Kunde wird von Beratern, Ärzten, Anwälten, etc. beraten, um diesem ein (Rechts-) Geschäft aufzuschwatzen. Fühlt sich später der Kunde falsch beraten, dann fragen sie ihren Anwalt (Arzt) oder Polizisten (Apotheker). Handys gibt es geschenkt, doch die Verträge sind teuer. Versicherungen, etc. sind für 1 Jahr billigst, werden jedoch dann bis zu 30% und mehr erhöht. Denn der Kunde hat nicht die Zeit jährlich die Verträge zu kündigen. Jährliche gesetzliche Kündigungsfristen sind irreführend.

Einsamkeit:

Wer sich in seine 4 Wände zurückzieht, stört wenigstens den Burgfrieden nicht und wenn er dann noch die Steuern brav bezahlt, kann das System voll zufrieden sein. Vorausgesetzt, dass sich derjenige nicht in psychische Probleme verirrt, denn sonst zahlt die Gesellschaft dafür. Die Vereinsamung kann auch Menschen zu sensationellen, medienwirksamen Höchstleistungen treiben. Die mediale Anerkennung ist dann die Belohnung, die zur Sucht werden kann.

Angstzustände (oftmals):

Die soziale Ausgrenzung geht meist mit dem Verlust des Arbeitsplatzes einher. Damit geht oftmals die letzte reale Identifizierung für eine Sache verloren. Der persönliche Fall ins Nichts beginnt. Das soziale Netz fängt allenfalls einen Teil der materiellen Not auf. Der Mensch lebt nicht nur vom Brot allein. Medien zerstören das freie Denken, Frauen zerstören biologisch, Männer physikalisch.

Aggressivität gegen Schwächere:

Es ist für den Bürger oftmals schwer zu unterscheiden, dass Aggressivität in Sport, Politik und Geschäftsleben erwünscht ist, jedoch privat zu unerwünschten Wirkungen führen kann. Ohnmächtige Wut oder Unzufriedenheit wird oft in der Familie und an den Kindern abreagiert, denn ein anderes Ventil gibt es nicht. Aufbegehren in Unternehmen wird mit dem sofortigen Verlust des Arbeitsplatzes bestraft. Ein Teil der Aggressivität wird oft während und am Ende von Großveranstaltungen abreagiert. Das dient auch dem Hausfrieden des Systems.

Gewaltausbrüche gegen das System (manchmal):

Bekämpft durch die Staatsmacht wird die augenblickliche Straftat. Das System sieht die Ursache nur im Individuum.

Geistige Sicherheitsverwahrung durch Politzensur:

Bürger, die sich gegen die Entmündigung wehren, werden durch das System, mit Hilfe der Medien und des staatlichen Machtapparates, gebrandmarkt und oftmals in ihrer beruflichen Existenz bedroht. Die Justiz hat sich dann mit Volksverhetzung zu befassen. Volksverhetzung setzt jedoch Volksverdummung voraus. Volksverdummung kann nur derjenige betreiben, der Zugriff auf die Medien, der 4. Macht im Staate hat, wie Kapital und Politik, etc. Damit die Optik im Sinne der Pyramide stimmt, wird der Bevölkerung die Radikalismus Brille bezüglich dieser Leute verpasst. Somit erkennt die Bevölkerung nicht, dass es in Wahrheit nur um den Erhalt der Pfründe der Pyramide geht, siehe Hitlergesetz seit 1933.

Sozialstaat:

Ein Teil der Sozialkosten sind Systemkosten. Im sozialen Netz landet der Systemabfall. Wo gehobelt wird fallen auch Späne. Die Regierungen geben sich sozial, indem sie einen großen Teil der Produkte über Steuern den Bürgern wegnehmen, um diesen dann unter Abzug der großzügig bemessenen Verteilungskosten als Rest an die Bürger weiter zu reichen. So gesehen könnte man fragen: besteht das System aus vielen Samariter-Clubs oder verbergen sich dahinter nur die modernen Raubritter? Ein Beispiel ist die Plünderung der Rentenkassen, wo über das Umlageverfahren viel Geld hereinkommt, jedoch der einzelne keinen direkten Anspruch auf die einbezahlten Beiträge besitzt. Doch „Sozial" ist nur der produktive Bürger und niemals der Verteiler von Gütern. Was bedeutet: ein sozialer Staat ist verpflichtet seinen Bürgern Arbeit zu geben. Als Ausweg muss der Bürger seinen Körper zu Markte tragen, die Frauen als Nutten, die Männer als Söldner, Legionäre, etc.

Der Bürger wendet sich vom System ab, was sich in der Politik- und Parteienverdrossenheit zeigt. An Politik sind nur noch ca. 20% der Bürger interessiert (1938 waren es ca. 70%, 1942 nur noch ca. 25%). Man muss sich wundern, daß überhaupt noch ca. 70% zur Wahl gehen. Gleichgültigkeit und Lethargie machen sich breit. Man kann ja „eh nix" ändern. Die Folge ist die sogenannte Fressnapf-Mentalität: nur nicht über den Tellerrand hinaus schauen. Das System ist erst dann gefährdet, wenn der Fressnapf nur mehr mit dem Einheitsbrei halb gefüllt wird.

Der **NUTZEN** des gelackmeierten DEMOKRATEN in seiner OHNMACHT ist

Meinungsfreiheit mit Maulkorb:

Sowohl der juristische als auch der linguistische (sprachliche) Maulkorb (MK) bilden die Hemmschuhe, um Fakten klar auszusprechen. Juristischer MK-Paragraph wird unter Schicht 3 behandelt. Der lingusitische MK drückt sich durch die Verneinung, der "NICHT"-Umschreibungen aus. Damit werden Behauptungen vermieden. Die Medien bestimmen was als Bewusstseinserweiterung ausgesprochen werden darf.

Beispiele:
DU warst NICHT pünktlich. Richtig wäre, DU bist zu spät. DEIN Verhalten ist NICHT fair. Richtig wäre, DU bist RÜCKSICHTSLOS! DU arbeitest NICHT gut. Richtig wäre, DU arbeitest SCHLECHT. Durch den MK werden die Fakten eben NICHT genannt.

Andere Umschreibungen sind: Es heißt, der Betrieb muss abspecken, gemeint ist Leute entlassen. Es gibt auch keine Verkäufer mehr, sondern nur noch Berater. Neue Steuern werden als Abgabe bezeichnet. Der nun Angesprochene kann dann selbst erraten, was gemeint ist, was natürlich zu vielen Mißverständnissen führen muss und vom Machtsystem auch erwünscht ist. Daher erhält die Gesellschaft den Titel: "NICHT-Gesellschaft". Man redet viel, sagt jedoch NICHTS (definiert nichts), andere werden schon entscheiden, fragt sich nur für wen? Wer nicht entscheidet, wird entschieden! Hier tritt die Ohnmacht, bedingt durch ihre eigene Bequemlichkeit und Faulheit der Menschen, klar zutage.

Ein Teil der Bürger, die wissen was vernetztes oder globales Denken bedeutet, erkennen wie das System strukturiert ist. Mit dieser Erkenntnis ausgestattet lässt der sogenannte Rechtsstaat den Bürger gegen eine Wand des Schweigens laufen, wenn er versucht Missstände anzusprechen bzw. wird mit Beleidigungsklage bedroht.

Überfluss an Konsumgütern:

Die Menschen werden zu überhöhtem Verbrauch an Waren (Konsumgüter) gedrängt bzw. fressen / schlucken ihren Frust damit runter, was zu erheblichen gesundheitlichen Schäden führt und dies schon bei Kindern. So haben ca. 30% der Kinder Übergewicht. Die Folge ist, dass solche Menschen sehr früh einer Pflege bedürfen. Ein überfüllter (abgefüllter) Bauch führt zu einem leeren Kopf und damit kann man bekanntlich schlecht denken. Solange die Rohstoffe billig und in ausreichenden Mengen importiert werden können, wird auf die Umwelt-schäden (Monokulturen, Verschmutzungen, Abholzen, etc.) keine Rücksicht genommen. Oberste Bürgerpflicht ist ja, sich ruhig zu verhalten, um ja nicht den Frieden in der Pyramide zu stören.

Vereinszugehörigkeit (Gruppenbildung unpolitisch):

Vereine dienen der Freizeitgestaltung und zur Pflege gemeinsamer Interessen. Hier wird das Zusammengehörig-keitsbedürfnis der Menschen kanalisiert. Das Gruppeninteresse bezieht sich nur auf die Vereinstätigkeit. Hier werden oftmals kostengünstige bzw. ehrenamtliche Arbeiten im Sinne der Gesellschaft durchgeführt wie: Rettungswesen, Feuerwehr, Umweltschutz, etc.

Unterhaltung / Reisefreiheit:

Die rosarote Freizeitbrille darf sich der Bürger als Belohnung alle 11 Monate einmal aufsetzen, wenn er das System ausreichend unterstützt hat. Er kann damit dem Alltagstrott für kurze Zeit entfliehen. Wer sich für längere Zeit dem System entzieht, also aussteigt, dem wird der spätere Einstieg verwehrt. Nur in der Freizeit ist eine gewisse Selbstverwirklichung (Ventilfunktion) möglich, sie muss jedoch im Rahmen der Systemgrenzen liegen. Der Normalbürger fährt oder fliegt dann in den Urlaub (Theater). Er will jedoch nicht das Theater Zuhause haben. Über die Medien wird ihm jedoch eingeredet, dass es das schönste ist, wenn er das Theater gleich Zuhause hat (Multi-Kulti lässt grüßen). Er spart dabei die Flugkosten, muss jedoch für die Theaterkosten das ganze Jahr aufkommen, was um ein Vielfaches teurer ist. Hier sei nur auf die Malediven hingewiesen. Dort herrscht eine strikte Trennung von Touristen- und Einheimischen-Inseln und somit kann die einheimische Bevölkerung unbehelligt von fremden, kultur-zerstörenden Einflüssen leben.

Sozialstaat:

Bürger die aus dem System ausgeschieden werden, werden mittels des sozialen Netzes ruhig gestellt. Das Umlageverfahren des Rentensystems nimmt aus dem Rententopf, was gerade drinnen ist bzw. der Staat muss ca. 25 % zuzahlen (siehe auch oben unter Kosten).

Die **BEHÖRDEN** steuern durch

Die Verwaltung:

Mit Hilfe der Verwaltung werden die Entscheidungen des Systems durchgesetzt. Die wichtigste Aufgabe ist die Erhebung der Steuern. Die Vielzahl der Steuern und Freibeträge, ein Teil kostet mehr als sie bringen (Hundesteuer / Zündholzsteuer, etc.) macht es den Bürgern fast unmöglich ohne Steuerberater die Einkommenssteuer-Erklärung durchzuführen (Beschäftigungsprogramm für Steuerberater). Dabei wird die Freiwilligkeitsleistung des Bürgers erwartet. Zwang wird eingesetzt, wenn sich der Bürger weigert seiner Leistungspflicht nachzukommen. Dazu ist eine entsprechende Verwaltungsstruktur nötig.
Bestimmte Entscheidungen der Verwaltung sind erst nach Anhörung der Betroffenen möglich, die medienwirksam inszeniert werden (es darf palavert werden). Volksentscheid in der Sache gibt es nicht. Damit würde die 5. Macht im Staate (das Volk) sich erst seiner Macht bewusst und würde der dreifaltigen Einheit ins Geschäft pfuschen. Die Infrastruktur, die für Wirtschaft und Industrie nötig ist, wird von der Verwaltung bereitgestellt. Systemkosten werden durch die Verwaltung sozial abgefedert wie Arbeitslosengeld, Sozialhilfe, Wohngeldzuschuss, etc. Die Sozialkosten sind seit 1960 um das 30-fache gestiegen, die Lohnkosten um das 6-fache.

Das Gewicht der Verwaltung in der Gesellschaft ist seit 1950 ständig gestiegen, was sich auch durch eine Verdreifachung der Mitarbeiterzahl direkt zeigt. Die Anzahl der Beschäftigten in der Wirtschaft hat sich nicht einmal halb so viel erhöht.

Eigeninitiative wird eben in der Verwaltung nicht erwartet, im Gegenteil, die Vorschriften sagen was zu tun ist. Hierin besteht die Gefahr, dass sich die Verwaltung mit sich selbst beschäftigt (Buchbinder Wanninger). Es werden die Akten hin und her geschoben.

Die Erziehung / Ausbildung:

Der Anschauungsunterricht (Bild / Video) ist die heutige Basis der Erziehung und das duale Ausbildungssystem schafft die Werkzeuge, die das Brutto-Sozialprodukt (Produktion) steigern. Die Wirtschaft benötigt qualifizierte Fachkräfte (Fachidioten?) und keine innovativen Freidenker. Dabei wird die sogenannte soziale Kompetenz von den Unternehmen besonders geschätzt, sind diese Menschen doch leicht zu steuern. Hoch qualifizierte Bürger, die nicht im System gebraucht werden, bilden ein erhebliches Unruhepotential das es zu neutralisieren gilt. Es ist verboten von den Früchten des Baumes der Erkenntnis zu essen. Nur nach Bedarf soll ausgebildet werden.

Systemnahe Schulungen erfolgen nicht. Das Machtsystem bildet teilweise Demokraten in speziellen Schulen und Schulungen für sich aus bzw. der Bürger erwirbt durch besondere Verdienste die Anerkennung des Systems. Damit fehlt ihm von Anfang an der klare Durchblick. Ihm wird die Milchglasbrille aufgesetzt. Vertreter des Systems haben meist Doktor - Titel in geisteswissenschaftlichen, realitätsfernen Gebieten. Kann man doch damit hochgeistige Debatten oder Reden inszenieren, die dann einen Ruck, gemeint ist Ärmel hochkrempeln, in der Bevölkerung bewirken sollen. So ein Titel selbst fordert Achtung beim Bürger ein und der Bürger in seiner Ohnmacht ist bereit auch diese zu geben. Die Anrede hat daher in einem systemhöflichen Ton zu erfolgen und nicht mit dem einfachen "DU". Damit lässt sich viel Geld verdienen.

Die Ordnungskräfte:

Die Polizei überwacht das Verhalten des Bürgers. Hier zeigt sich die Staatsmacht unmittelbar und dient dazu, dass die Pyramide fest auf dem Sockel stehen kann. Sie ist dazu da, das gesellschaftliche Chaos, jeder gegen jeden (siehe Orientierungslosigkeit), nicht außer Kontrolle geraten zu lassen. Oftmals muss die Polizei die physikalischen Prügel für gesellschaftspolitische Versäumnisse einstecken. Dann wird wieder einmal nach mehr Ordnungsmacht gerufen, damit Knebel oder Knüppel wirkungsvoller eingesetzt werden können. Die Polizei / Verwaltungsbehörden haben einen gewissen Ermessensspielraum bezüglich der Höhe des Verwarnungsgeldes von Ordnungswidrigkeiten. Da kann es schon passieren, dass gleiche Fälle mit unterschiedlichen Verwarnungsgeldern belegt werden. Verbale Ausfälle gegenüber den Staatsorganen werden mit der MKP-Zensur unterdrückt.
Wie sehr das Vertrauen in das System der USA geschwunden ist zeigt die Tatsache, dass in Kalifornien (7. größte Volkswirtschaft der Welt) die privaten Wachdienste doppelt so viel einkassieren als die Polizei vom Staat bekommt.

In Deutschland behauptet die Polizei, dass 40 % der Einbrüche aufgeklärt werden. Dies ist lt. eines kriminologischen Forschungsinstitutes Niedersachsen falsch. Die Aufklärungs-rate liegt bei 2,6%. In der Statistik der Polizei gilt jeder Fall als aufgeklärt, wenn ein Verdächtiger gefunden wurde.

Die Gerichte:

Vor den Gerichten wird die Auseinandersetzung im Rahmen der Gesetze geführt. Dabei ist zwischen Zivil-, Straf- und Verwaltungsrecht, etc. zu unterscheiden. Da sich in der Gesetzgebung verschiedene Interessensbereiche durchsetzen, kann auch das zu erwartende Urteil oftmals nicht vorhergesehen werden. Der Rechtssuchende verfängt sich dann eben im Dickicht der Paragraphen und meist verlässt er dann das Labyrinth nicht ohne Blessuren. Die Kontrahenten können auch bis zur finanziellen Erschöpfung Dampf ablassen.

Die **WIRTSCHAFT, als MOTOR, steuert**

Die Produktion/Jobs:

Über die produzierende Industrie / Gewerbe werden die Produkte erzeugt, die am Markt abgesetzt werden müssen. Dabei wird besonderer Druck auf den Mittelstand und das

Kleingewerbe ausgeübt. Nach oben wird konzentriert
(Monopole), nach unten wird individualisiert. Der in- und
ausländische Konkurrenzkampf beeinflusst die Ertragskraft der
Unternehmen. Die Leistung der Arbeitnehmer muss fortlaufend
gesteigert werden. Ihre Energie, physikalisch und geistig, wird
erschöpfend genutzt. Dazu wird ihm noch die Schweißer- oder
Kurzsichtbrille (Scheuklappen) verpasst. Die Flexibilisierung
der Arbeitszeit senkt die Kosten der Unternehmen unmittelbar
und ein sogenannter flexibler Sonntag vermittelt den Eindruck,
als wenn die Arbeitswoche zum Sonntag würde. Jeder macht
Sonntag wann er will. Fragt sich dann nur mit wem zusammen?
Seit ca. 25 Jahren stagniert das reale Einkommen der unteren
4/5 der Arbeiter / Angestellten in den USA. Deshalb brauchen
viele Arbeiter mehrere Jobs für den Lebensunterhalt. Besonders
vorteilhaft ist die sogenannte Teilzeit. Darunter wird jedoch
meist der sogenannte 400 € Job verstanden, derzeit ca. 8 Mill..
Reicht das Einkommen nicht, wird der Bürger zum Aufstocker.
Das System schafft sich die Arbeitsplatzstatistik, die es haben
will. Damit verbundene Störungen im familiären, gesellschaftlichen bzw. gesundheitlichen Bereich sind hinzunehmen.

Die Qualifikation:

Früher war die Weiterbildung der Mitarbeiter Sache des
Unternehmens. Heute werden die Fachkräfte nach Bedarf
zugekauft und das gilt sogar im Bereich Profisport. Immer mehr
muss der Arbeitnehmer Zeit und Kosten selbst übernehmen,
was den Existenzkampf steigert. Fragen zu stellen außerhalb

der Aufgabenstellung soll unterlassen werden, denn dazu gibt es den Betriebsrat.

Die Arbeitnehmervertretung:

Der Betriebsrat hat nur beratende Funktion gegenüber dem Arbeitnehmer. Die hilfesuchenden Arbeitnehmer können ihren Frust loswerden und damit Dampf ablassen. Damit wird der Betriebsfriede wieder hergestellt. Geschäftsinterne Belange dürfen durch den Betriebsrat nicht bekannt gegeben werden.

Die 5. Macht im Staate ist das Volk. Doch keiner spricht von einer 5. Macht, weil diese eben 4 Jahre zur Ohnmacht degradiert ist. Sie wird nur als Wasser benutzt, wo sich Legislative und Judikative ihre Hände in Unschuld waschen und dieses Wasser holen die sich alle 4 Jahre. Schmutzige Hände bekommen die bei der Arbeit sowieso nicht. Und sollte mal was daneben gehen, so macht man sich eben schnell Gesetze, natürlich ganz legal.

Die **MEDIEN, die IV. wahre Macht** im Staate steuern durch:

Die mächtigen Zielsetzungen der Wirtschaft und Politik:

Die Medien bestimmen, wie der westliche Seher die Welt zu sehen hat und nicht wie sie wirklich ist. Jeder will die mediale Bewusstseinserweiterung (Rauschmittel) als seine Meinung behaupten. Die Neugierde des Menschen zeigte sich früher in einem Wissens-/ Informationsbedürfnis, was heute fast gänzlich zu einem Unterhaltungsbedürfnis umfunktioniert wurde und dafür wird dem Bürger die Verzerrungs-, Milchglas- oder Zirkularpolarisations-Brille aufgesetzt, ergibt Sehkrankheit. Doch der Mensch fühlt sich als Glücksschweinchen und Nabel der Welt (Omphalos). Besonders nachteilig wirkt sich der Medienkonsum (Videos, TV, etc.) für die Kinder aus. Die Sprachprobleme der Kinder haben extrem zugenommen, auch bedingt durch die Handy SMS Kürzel. Die Lehrer können bestenfalls korrigierend eingreifen.

Es besteht eine enge Symbiose (Abhängigkeit) zwischen etablierter Politik(er) und Medien. Wer sich wessen bedient, ist meist nicht klar zu erkennen. Es kommt ja nur auf die Unterhaltung bzw. die Momentaufnahme an, die bestenfalls zur Halbwahrheit führt. Sie reißen die Gräben auf, um sich nachher als Brückenbauer und Lebensretter in Szene zu setzen. Man legt Minen bzw. lässt Luftballone steigen zum Eigennutz. Die sogen. „Gutmenschen" säen Wind (Provokation), um im Sturm ernten zu können. Die Medien regen nicht zum Dialog an. Oftmals kann man dann das Kürzel "V.i.S.d.P" am Ende einer Darstellung sehen. Wesentlich ist dabei nur: wie man was verkauft und nicht was man verkauft. Es kommt eben nur auf die Verpackung an. Damit wird die Verschleierung der Fakten ganz wesentlich erleichtert (irreführender Name von Gesetzen). Der Schein-Verlust der Macht droht sowieso nur alle 4 Jahre. Es ist daher genügend Zeit, die Gesetze richtig zu verkaufen. Da ist es wichtig, wenn man sich populistisch gibt und so tut, als wenn man sich nicht nur die Forderungen der Bevölkerung genau anhören würde, sondern dies auch im Parlament umzusetzen gedenke. Versprechungen werden jedoch von der Bevölkerung schnell vergessen und so kommt es, dass die Bürger gemeinsam mit den Politikern auf die Unternehmer hauen, wenn diese Mitarbeiter entlassen müssen. Doch die volkswirtschaftliche Verantwortung liegt bei den Politikern und diese werden vom Wähler dann noch in Schutz genommen.

Durch geschickte Namenswahl werden Vorverurteilungen (negativ / positiv) festgelegt, wie: Evangelischer Glaube wird als protestantischer Glaube bezeichnet und das schon seit dem Jahre 1521 bzw. evangelische Glaubensangehörige werden unter böswilliger Absicht als Protestanten bezeichnet. Als sozial schwach wird jemand bezeichnet, der arm ist, was letztlich bedeutet, dass sich nur Reiche für die Mitmenschen einsetzen würden, wo jedoch jeder weiß, dass gerade das Gegenteil der Fall ist. Weiteres Beispiel: Toleranz ist nichts anderes als eine gutwillige Bezeichnung von Egoismus (Desintegration ‚Ghettos), der auf Kosten der Allgemeinheit durchgesetzt werden soll. Der Begriff hat sich von Entgegenkommen in eine Forderung gewandelt, bedingt durch die Medien. Integrieren lassen sich nur Menschen, die aus dem gleichen Kulturkreis (Religion, etc.) kommen, wie z. B.: polnische Gastarbeiter im 19. Jahrhundert in Deutschland / Ruhrgebiet (keine polnischen Ghettos). Noch ein Beispiel: Mit der Etikette Rassist werden gesellschaftskritische Bürger böswillig indirekt als Nazis hingestellt. Zum Humanismus gehören selbstverständlich die Sprache, Religion sowie Rasse, etc. der Menschen. Die Natur hat die Arten durch geographisch bzw. klimatisch bedingte Ursachen hervorgebracht. Wer das verleugnet will Chaos aus Prinzip schaffen. Beispiel: mit multikulturell kann man das Chaos auf die Spitze treiben, der Einheitstopf für Schicki-Micki. Damit lässt sich besser Theater machen, was zu einer Balkanisierung der Gesellschaft führt. Es wird empfohlen die Bücher von Conrad Lorenz, Nobelpreisträger, zu lesen (Rassen, AIDS, Graugänse, etc.) Rassismus ist Frasßismus für die Medien, also ein gefundenes Fressen (Kadaver) und damit wird Geld gemacht. An Humanität haben die Medien-Geier kein Interesse. Beispiel: Globalisierung (der Wirtschaft im heutigen Sinne) ist gutwillige Bezeichnung für Lohndumping bzw. Arbeitsplatz- / Kapital- Export (Auslands-Werksverträge am Bau). Auch die Begriffe Recht und Gerechtigkeit werden vielfach vermischt. Die Moderatoren bzw. Journalisten sind zum Teil nur noch Etikettenkleber. Anscheinend fühlen die sich in einer solchen Etikettenkleberei besonders wohl, was bei der Anzahl der Flaschen nicht verwunderlich ist. So kann man den Papst am meisten ärgern indem das Sexproblem (Zölibat) thematisiert wird und in der Politik, mangels anderer Argumente, versuchen die Medien mit der politischen Vergangenheit Einfluss und Einschaltquoten zu erhöhen. Im Bereich Sex / Politik lässt sich Perversion / Voyeurismus durch die Medien breit ausleben.

Medien und Sport benutzen ihre Veranstaltungen für Multi-Kulti Zwecke. So werden einheimische Männer immer mehr mit Bart hofiert, nicht nur wegen ihrer angeblichen Potenz, sondern auch um gute Stimmung für die Muslime zu machen. Morgen wird für Kopftuch und Burka geworben werden! Auch durch tragen der „Kippa" im öffentlichen Raum wird provoziert. Dann ist schnell Schluss mit Gleichberechtigung.

Den sogenannten kulturellen Austausch hat es nie gegeben. Dies ist eine Erfindung der westlichen Medien. Mittels der Geburtenrate bzw. Zuwanderung wird der Verdrängungskampf noch beschleunigt bis die eigene Bevölkerung die Mehrheit verliert. Die Indianer mussten dies schrecklich erleiden.

Den Internationalismus:

Sogar die UNO lässt sich für eine Vorverurteilung durch die Medien missbrauchen. So hat sie doch 1996 das Jahr gegen Rassismus ausgerufen, wissend, dass man einen Schwarzen nicht zu einem Weißen machen kann und umgekehrt. Oder muss man in Zukunft den Schneemann schwarz einfärben? Da viele Menschen unter dem schweren Leben leiden, könnte die UNO auch ein Jahr gegen die Schwerkraft ausrufen?! Wenn sich diese Entwicklung so fortsetzt, ist es in Zukunft nicht einmal mehr erlaubt zwischen Mann und Frau zu unterscheiden, wer das tut ist ein Rassist. Da muss sich eben der Mann einen Busen umhängen und die Frau einen Zipfel. Hier wird die Biologie verneint und das geistige Chaos durch die UNO gefördert. Die Vielen die meinen sie könnten Körper und Geist trennen, um ihre Perversion auszuleben, müssen dann auf Kosten der Gesellschaft ruhig gestellt werden. Ist Artenschutz Rassismus?

Durch die bevölkerungspolitische Sicht der Medien wird jede Überbevölkerung und Mangel in der Welt als entschuldbar erklärt und die eigene Bevölkerung in die Pflicht genommen. Jeder Inder oder Afrikaner setzt eben nur aus dem Grund viele

Kinder in die Welt, weil er eben nur immerzu an seine Altersversorgung denkt. Damit kann der Sexualtrieb ungehemmt ausgelebt werden, solange es eben geht. Nach dem Spruch: Schickt der Herrgott (da)s-Haserl schickt er auch das Graserl. Für Asylanten ist Italien das Trampolin nach Europa. Die jährlichen Kosten, die der deutschen Bevölkerung daraus entstehen, sind etwa in der Höhe des Verteidigungshaushaltes. Soviel sollten die Medien auch wissen, zuerst kommt die (Sozial) Angst, später hilflose Wut. Der Verfasser liebt weder die Ausländer noch die Inländer, er achtet sie. Die Medien wollen eine Verherrlichung erzwingen. Wer jedoch ständig einen anderen in Schutz nimmt, kann eine sklavische Entmündigung bzw. Bemutterung beim Beschützten verursachen.

Die Medien sehen keineswegs den Menschen als souveränen Bürger, sondern als deren ausgelieferte Untertanen, den man ständig im Sinne eines Internationalismus erziehen muss, an. Besonders eigenen sich schwer verständliche Fremdwörter (Denglisch) wie, Agenda, Agnosie (Politikerleiden), Demenz bis Zölibat. Aus Anstalt wird Agentur, aus Tagesordnung → Agenda; aus Beispiel → Paradigma; aus Verkauf → Sale; aus Bodenschätzen → Ressourcen; aus echt / wahr → veritable und Lobbying und Mobbing nicht zu vergessen. Die Schweinegrippe wird nun als „Neue – Grippe" bezeichnet; aus Sucht wird eine Krankheit. Man ist für sein Verhalten nicht mehr verantwortlich;

Anrede: "Meine (herrlichen) Damen und (damischen) Herren", zeigt an wer das Sagen hat. Oftmals wird auch „Wir"

verwendet. Der sogenannte Medien-Anschauungsunterricht, ob In- oder Auslandsberichte, vermittelt die Bilder, die für die Erziehung der Bevölkerung politisch erwünscht sind. Die Medien, das Kulturkartell, seifen den Kopf ein aber waschen nicht den Pelz. Es muss sich alles verändern (nach außen, Hydra, Chamäleon), damit es so bleibt (nach innen, Omerta) wie es schon immer war, Spruch der ehrenwerten Gesellschaft, Mafia. Die Änderungsdynamik schützt vor den trägen Gesetzes-/ Rechtshäschern.
Die Helden sind schon alle Tod, nur die Maulhelden sterben nicht aus.

Nur wenige, meist sehr mutige Journalisten, nutzen die Medien, um eigene Recherchen (Untersuchungen / Nachprüfungen) zu veröffentlichen (Watergate, Umweltskandale, Steuerskandale, Parteienfinanzierung, etc.). Zivilcourage wird vom System nicht gerne gesehen und kann schnell zur persönlichen und finanziellen Katastrophe derjenigen führen. Zivilcourage ist nur im sozialen Bereich erlaubt und wird mit der "Lebensrettungsmedaille" durch die Machthaber medienwirksam belohnt.

Beschreibung Pyramide **Erste** Schicht: **Parlament**

Das Parlament freut sich über die gewonnene Macht durch die Wahl und sagt: Alle Macht geht vom Volk aus. Es wäre jedoch ein Irrtum zu glauben, dass wenn man an der Regierung ist auch an der Macht ist (Schopenhauer). Die Sozialisten waren 1919 zwar an der Regierung (Ebert Reichskanzler), jedoch nicht an der Macht. Das Volk selbst wird nach der Wahl von den Abgeordneten für 4 Jahre mit gezielten Tritten vertreten und diese steigen auf in den Himmel der Gesetzgebung, Halleluja. Wer den Pyramiden-Lift in die 3. Etage (Erste Schicht) besteigen möchte, wird zuvor einer genauen Einlasskontrolle unterzogen. Die Parteien (Spitzen) haben bestimmenden Einfluss, wer über den Listenplatz (Zweitstimme) ins Parlament kommt. Loyalität wird eingefordert (Fraktionszwang), obwohl die Abgeordneten dem eigenen Gewissen verpflichtet sein sollten. Die Hinterbänkler werden nur als gutbezahltes Stimmvieh gebraucht, denn die Facharbeit, Gesetzgebungs- texte, wird in den Unterausschüssen von den Gesetzesjuristen geleistet. Als Belohnung werden viele Vergünstigungen bereitgestellt (Aufwandspauschale, Ämterhäufung, etc). Beamte genießen dabei einen besonderen Vorteil, denn sie werden für die Gesetzgebungsperiode vom Dienst freigestellt und können anschließend wieder die alte Stelle besetzen, normalerweise erfolgt jedoch eine entsprechende Vorstufung. 75 % der Parlamentarier (PTR) sind daher Beamte bzw. vom Dienst freigestellt, was bedeutet, dass diese kein berufliches Risiko tragen, falls sie ihr Mandat verlieren. Sie predigen Wasser und trinken jedoch selbst Wein. So wurden die Gehälter

der PTR von 1975 bis 1998 um ca. 125% erhöht. Der Lohn des Arbeiters hingegen stieg nur um ca. 60%. Im Parlament sitzen ca. 25 % Juristen, ca. 25 % Lehrbeauftragte (Lehrer, Prof., etc.). Kein Wunder, dass viele Gesetze lebensfern sind und nur aus wissenschaftlicher Sicht gesehen werden. Wer aus dem Parlament ausscheidet, bekommt ein großzügig bemessenes Wiedereingliederungsgeld. Dieses kann mehr als eine 1/2 Mio. € betragen oder er wird Mitglied in einer parlamentarischen Kommission, z.B.: Verfassungskommission, etc. Sie werden für ihre meist nicht benötigten Arbeiten fürstlich entlohnt (Beschäftigungsprogramm für arbeitslose Parlamentarier). Die nun vom Volk abgeschirmten PTR, welche Immunität besitzen und daher nur beschränkter Haftung unterliegen, werden die (Theater)-Sitzplätze zugewiesen. Gewisse PTR dürfen dann selbst so manchen Akt, entsprechend der Parteidisziplin, spielen. Die PTR sind daher gleichzeitig Spieler wie Publikum. Als wünschenswerte Zaungäste sollen einige Zuhörer erscheinen. Die Medien, interessiert an der Konfrontation bzw. Spiegelfechterei im Parlament, haben hier über viel Stimmungsmache zu berichten. Dabei führen die sogenannten geisteswissenschaftlichen PTR zur Selbstdarstellung eine besonders feine Klinge. Im übrigen wissen sie: wer die Wahrheit sagt, braucht ein schnelles Pferd (Chinesischer Spruch). Bert Brecht: Als wir das Ziel aus den Augen verloren hatten, verdoppelten wir unsere Anstrengungen. (Wir wissen nicht was wir wollen, aber das mit ganzer Kraft).
Demokratie wird zu allererst als Opposition verstanden. Es ist jedoch streng verboten den Akt mit eigenen Ideen zu bereichern. So startet mancher PTR als Tiger und landet dann als Bettvorleger vor der Parteidisziplin. Der Kadavergehorsam

lässt grüßen. Sagen Sie nie das, was sie wirklich denken! Dass das Ensemble mit seinen Helfern hohe Kosten verursacht, die durch die produzierende Bevölkerung erarbeitet werden müssen, ist klar. Damit die Auseinandersetzung nicht außer Kontrolle gerät, gibt es den sogenannten Beißschutz (allgemein Knebel bezeichnet), den Parlamentspräsidenten. Bürger, welche die vorgespielte Konfrontation oftmals in ihrem Bereich gerne nachäffen, bekommen dann statt des Beißschutzes die Ordnungsmacht zu spüren bzw. den MKP-ZPO verpasst. Spätestens dann merkt er, dass das was die da oben spielen, noch lange nicht unten gespielt werden darf. Der edle Begriff „Die königliche Kunst" (Diplomatie, List, Lüge, Freimaurerei) verschleiert das Tun der herrschenden Klasse (Sophismus). Für das gemeine Volk gibt es dafür den verwerflichen Begriff „Mobbing". Die Kosten der „königlichen Kunst" zahlt der Bürger und die des Mobbing verspürt er unmittelbar.

Geld ist das Würfelspiel der Politiker sagte Diogenes bereits vor 2350 Jahren. Das Stück (Gesetzesanträge), gespielt in 3 Akten (Lesungen), wird auf Grund von wirtschafts- oder machtpolitischen Interessen meist von der Regierung ins Parlament bzw. den Fraktionen (5% bzw. min 34 PTR) eingebracht. Die Länge der Akte (Gesetzgebungsdauer) ist kaum vom Umfang der Gesetze abhängig, jedoch sehr von der Einflussnahme der Interessensgemeinschaften (Lobbyisten) auf die Unterausschüsse und wenn man nicht mehr weiter weiß, bildet man einen Arbeitskreis.

Besonders beliebt ist der Ausspruch: „Wehret den Anfängen". Geht es hier nur darum die eigenen Pfründe abzusichern und

angebliche Gefahren rechtsstaatlich zu bekämpfen. Wem nützt es; Cui bono.
Hütet euch vor den Samtpfoten, denn sie gehören Raubtieren.

Das Finanzwesen Banken, Versicherungen etc. als Hilfsdienste des Systems „repräsentative Demokratie" sollten die Steuerung der Finanzgeschäfte durchführen. Diese Kostgänger verstehen jedoch das System zuallererst als Selbstbedienungsladen unterstützt durch Lobbyisten. Die Kosten werden sozialisiert (Bankenkrach, „to big to fail") und die Gewinne (Boni) privatisiert. Die Pfandbrief Regulierung wurde 2005 aufgehoben, damit auch Landesbanken sich am Geschachere beteiligen können. Soll heißen: teile und herrsch!!!

Oscar Wilde Zitat: Ich bin in mich gegangen und habe niemanden angetroffen. So leer muss auch die Seele der Democrazy-Politiker sein.

Ca. 70-90 Personen von Industrie und Technokraten der USA / Europa-Regierungen treffen sich regelmäßig (jährlich) in Genf (Palais des Nations) und Rom (Excelsior Hotel) und sie legen für Autos, Finanz, Buchhaltung, Medikamente, Lebensmittel, etc die Rahmenbedingungen (Standards) fest. Auch das jährliche Treffen des World Economic Forums in Davos (Schweiz) dient dazu. Teilweise hinken die Gesetzgebungen weit hinter den neuen technischen und sozialen Entwicklungen her (kommt Zeit, kommt Rat). Die Judikative muss dann Richterrecht anwenden. Die Gesetzesanträge werden in den letzten Jahren vermehrt mit propagandistischen Namen versehen.

Beispiele:
Gesetz zur Erhöhung des Angebots an Mietwohnungen von BGBl I 82,1912, diente nur zum Erhöhen des Mietzinses. Die sogenannte Mietenbremse, hat nix mit Bremse zu tun. Sie ist nur ein Placebo, um die Mieter ruhig zu stellen. Gesetz zum vorsorgenden Schutz der Bevölkerung gegen Strahlenbelastung, enthält keine wirklichen Schutzvorschriften, sondern ist ein Gesetz zur Verwaltung von Atomunfällen. Steueränderungsgesetze heißen Gesetze zur leistungsfördernden Steuersenkung oder Solidaritätsgesetz, Einführung einer Ergänzungsabgabe, etc., aus der Steuer wird eine Abgabe. Die sogenannte Abwrackprämie für Autos wird im Gesetz Umweltprämie bezeichnet. Das Datenschutzgesetz hat bezüglich Wirtschaft / Bürger kaum eine Wirkung. Es soll offensichtlich den Bürger vor sich selbst schützen (was man nicht weiß, macht einen nicht heiß).
Teilweise werden Gesetze erlassen, die dann nicht instrumentiert (umgesetzt) werden, erst wenn der öffentliche Druck groß genug ist, werden die Gesetze novelliert. Es handelt sich dann um ein Vortäuschen von Handlungen nur zu Alibizwecken. Beispiel: Paragraph 2 I 2 AbfG, Mietpreisbremse, WEG-Novelle ZPO-Prozesskostenrisiko schützt die Verwalter, siehe unten unter Aktenzeichen.
Das EU-Schengener (Luxemburg) Abkommen, Erstunterzeichner von 1985, wird nicht instrumentiert, Folge hohe Schleuserkriminalität in den Schengen Raum durch die Außengrenzen (Asyl, etc.). Stattdessen wird das Schengener Durchführung Übereinkommen (SDU), Schengener Grenzcode

außer Kraft gesetzt. Die Schengen akquise (Arbeitskräfte anwerben) dient nur als Ausrede der Politiker, Wirtschaft, etc.

Eine besondere Eigenart ist im Parteien-Finanzierungsgesetz zu finden. Ein Verstoß gegen dieses Gesetz kann nicht strafrechtlich verfolgt werden.

Gesetze, die keinen Bezug zur Realität haben, wie die Prohibition in den USA, werden von der Bevölkerung auch durch noch so hohe Strafen nicht akzeptiert. Ist der Bedarfsdruck groß genug, wie beim Rauschgift, wird der Bedarf gedeckt auch wenn hohe Strafen drohen. Die Todesstrafe kann daher die Anzahl der Verbrechen nicht verringern.

Die Gesetzesjuristen, Berichterstatter der (Rechts)-Ausschüsse der Parteien die den Gesetzentwurf ausarbeiten, tragen für den Inhalt keine Verantwortung, sind für Irrtümer nicht haftbar. Dies erleichtert die Arbeit der Lobbyisten.
In bestimmten Fällen werden gesetzgebende Aktionen unterlassen. Dort wo es tiefgreifende Interessensgegensätze gibt, da versagt das demokratische, parlamentarische System. Beispiel: Arbeitskampfrecht.

An der Vereinfachung der Rechtsordnung sind die Parlamente bzw. die Juristen, welche die gesetzestechnischen Ausgestaltungen der Entwürfe vornehmen, nicht interessiert. Durch Generalklauseln (Inhalt wird durch Rechtsprechung und Wissenschaft aufgefüllt, AGB-G, etc.), vage Rechtsbegriffe oder Ermessensermächtigungen wird die Verantwortung auf die

Richter oder Verwaltungsbehörden abgeschoben. Damit wird die sogenannte Einzelfall-Prüfung gefördert, was auf Kosten der Vorhersehbarkeit und Rechtssicherheit (Gummiparagraphen) geht. Für die Rechtsfindung vor Gericht wird dann meist ein postulatfähiger Anwalt (Anwaltprozess, siehe Schicht 3) benötigt. Die vor Gericht zugelassenen Juristen oder Rechtsvertreter sind sicherlich nicht böse, wenn sich eine gewisse indirekte Zusammenarbeit mit den Gesetzesjuristen ergibt, welche die Anzahl der rechtssuchenden Mandanten erhöht. Aus der Sicht der Juristen ist es sicherlich nicht wünschenswert die Rechtsordnung zu vereinfachen und im Parlament haben diese ein gewichtiges Wort mitzureden.

Mittels des § 28 Abs. 1 Satz 1 u. 2. IfSG gegen Verbreitung des Coronavirus (Covid 19) bekommt jeder Bürger einen Maulkorb (Maske) aufgesetzt und es wird die Impfung angedroht. Damit werden die Grundrechte des Art. 19 GG eingeschränkt. Wer den Maulkorb nicht trägt kann in Quarantäne genommen werden, um andere mit Vorerkrankung zu schützen. Dass dabei der Flurschaden größer ist als der Nutzen interessiert den Gesetzgeber nicht und die Medizinmafia bekommt dafür noch viel Geld. Den Kindern wird ihre berufliche und soziale Zukunft zerstört. § 28a IfSG ist eine Art Ermächtigungsgesetz.

Seit Bestehen der Bundesrepublik Deutschland wurden ca. 8000 Bundesgesetze verabschiedet und die Gesetzesflut (Gesetzeshypertrophie) geht weiter.

Hier ist das Zitat von Marx passend: Vertauen ist gut, Kontrolle ist besser und der Verfasser ergänzt: Kontrolle ist gut, Misstrauen ist besser (gilt für die Democrazy).

Dostojewski: Es gibt viele Menschen, die nie getötet haben, aber weitaus schlimmer sind als ein einfacher Mörder.

Die sogenannten Brückenbauer aus Nächstenliebe und oder Langeweile sind diejenigen die vorher die Gräben aufreißen. Dies ist Heuchelei pur.

Die Democrazy macht den Bock (die Wildsau) zum Gärtner und wundert sich dann, dass der Garten Eden zerstört wird. Mehr Gedanken, weniger Gedenken wäre sinnvoll.
Um die Pfründe der kapitalkräftigen Mandanten zu sichern (Banken, Versicherungen, etc.) wird der Interessenskonflikt oft vorgetäuscht. Trotz des § 78b ZPO (Notanwalt) ist es kaum möglich (Vorlage von 5 Absagen vor Gericht) einen Beigeordneten Anwalt zu finden.
Die Suche nach Anwälten ist eine weitere Entmündigung des Bürgers.

Beschreibung **Null** Schicht: (**Bundes**)Verfassungsgerichte

Das Grundgesetz (die Verfassung) beschreibt im Wesentlichen die Art und Aufgaben der staatstragenden Organe (Legislative, Judikative, Exekutive) und ist die zentrale Herrschafts- und Wertordnung des Staates. Verfassungsänderungen bedürfen der 2/3 Mehrheit. Mittels der Verfassungsbeschwerde kann das Bundesverfassungsgericht angerufen werden und nur dann erfolgt eine Prüfung im Bezug zum Grundgesetz, Beispiel: StGB Paragraph 218 (Abtreibungs-Paragraph). Es wird als Hüter der Verfassung bezeichnet und besteht aus 2 Senaten mit je 8 Richtern. Gewählt werden die Richter vom Bundesrat und Bundestag je zur Hälfte, mit 2/3 Mehrheit für 12 Jahre.

Die Gewaltenteilung bringt auch indirekt Vorteile für die Regierung, die als Machtzentrum angesehen werden muss. Werden Gesetze durch das BVerfG als GG-widrig erklärt, so hat dies auf die Regierung keinen direkten Einfluss. Es ist das Parlament gefordert ein neues Gesetz zu schaffen.
Die Anwendung der (Zivil)-Gesetze durch die Justiz (Dritte Schicht) greift steuernd in die darunterliegende Schicht ein. Das Machtzentrum (Wirtschaft) darüber ist nur indirekt betroffen. Die Ähnlichkeiten zwischen dem unteren Teil der Pyramide und dem oberen Teil sind unübersehbar.
Art.1 I GG: Die Würde ... Hier wird der Geist / Würde durch das GG zum Tabu erklärt. Doch die Würde muss sich jeder Tag für Tag selbst erkämpfen und kann nicht durch die Democrazy verliehen werden, siehe „Anspruch auf Leben"

Beschreibung Pyramiden **Spitze: Regierung / Präsident**

Die Bundesregierung (das Kabinett / Teil der Exekutive) besteht aus dem Bundeskanzler und den Bundesministern für einzelne Ressorts. Nur der Bundeskanzler wird vom Parlament (Bundestag) gewählt, max. 3 Wahlgänge. Die Bundesminister werden vom Kanzler bestimmt, unter Absprache mit den Parlaments-fraktionen, welche die Bundesregierung bilden. Die Herren beenden die Vereidigung auf die Verfassung meist mit dem Satz: So wahr mir Gott helfe. Hilft dir selbst, dann hilft dir Gott! Gestürzt kann der Bundeskanzler nur werden, wenn zusammen mit dem Ausspruch des Misstrauens durch das Parlament ein neuer Kanzler gewählt wird (sogenanntes konstruktives Misstrauensvotum). Der Kanzler hat eine starke Stellung, auch gegenüber den Parlamentsfraktionen. Eine gewichtige Stellung hat auch der Finanzminister (Bundes-haushaltsordnung). Das Gewaltmonopol nach innen liegt beim Innenminister, nach außen beim Verteidigungsminister bzw. Präsidenten. Der Justizminister stellt die Infrastruktur für die unabhängigen Gerichte zur Verfügung.

Wie wenig sich die Regierungen um teilweise rechtskonformes Verhalten scheren zeigt auch, dass die Rechtsverordnungen mittels Umlaufverfahren vom BVerfG Akz.: - 1 BvR 337/92- nun verboten wurden. Wer Macht hat, will eben schalten und walten wie es gefällt! Die Macht ist das Gesetz!

Ständig versuchen die verschiedenen Interessensgemein-schaften (Machtmonopole der Schicht) Einfluss auf den Machtapparat bzw. auf die Verwaltung zu gewinnen. So kann es passieren, dass das Gewaltmonopol (Polizei, etc.) für verfehlte Sozial-, Arbeitsmarktpolitik, etc., selbst missbräuchlich eingesetzt wird. Die Pyramide sichert sich den größten Teil des Bruttosozialproduktes. Die Erben der Macht verfeinern ihre Ausbeute-Techniken. Früher kam die Macht von „Oben" heute von „Unten". Ziel ist es immer, freies Denken zu unterbinden. Das hl. Röm. Reich, Deutscher Nation, hatte als Vorbild die Militärmacht „Rom". Mit Ende der punischen Kriege (156 v. Chr., Zerstörung von Karthago, Tunesien) wurde die geistige Basis (Griechen / Phönizier) von Orient und Okzident vernichtet. Es wurden nur noch vorhandene Techniken (Militär / Zivil) kopiert. Wer sich an der Huldigung der Mächtigen nicht beteiligte, lebte gefährlich. Titel: Pontifex Maximus, stammt von Kaiser Augustus, im 14 Jhdt. von den Päpsten übernommen. Das Volk, der Haufen, galt nichts. Karl d. Große hat sich für seinen Aachener Dom die Säulen in Syrakus (Sizilien) geklaut und beanspruchte für seine Räuber-Clique die Jagd (Verbot der Bauern-Jagd). Friedrich II (Hohenstaufer, 1. Hälfte des 13. Jhdt.) wuchs in Sizilien auf und sprach besser arabisch als deutsch. Er erlaubte deutschen Fürsten die Aufstellung eigener Heere und die Herausgabe eigenen Geldes (jeder gegen jeden). Erst im 15 Jhdt. konnte ein geistiger Aufbruch gewagt werden. Das Ende dieses Wagnisses war die größte Katastrophe aller Zeiten, der 30jährige Krieg (1/3 der deutschen Bevölkerung wurde vernichtet). Nur England konnte sich der teuflischen Kriege unblutig entziehen. Die herrschende Klasse führt den Kampf auch verbal. So weiß zwar jeder wer der Reformator ist, jedoch die Anhänger Luthers werden nicht als Reformatoren bezeichnet, sondern als „Protestanten" terrorisiert.

Beschreibung Pyramide **Zweite** Schicht: **Wirtschaft**

Finanzen:

Damit das System funktionieren kann, müssen durch Produktion die nötigen Güter erstellt werden, was einen entsprechenden Kapitaleinsatz durch Investoren erfordert. Dieses Kapital wird zu einem großen Teil mittels Schuldverschreibungen von Geschäftsbanken bei der EZB beschafft. Hier wird dann der sogenannte „Diskontsatz" verrechnet. Umso höher die Verschuldung der Unternehmen bei den Banken / Investoren ist, desto direkter kann mittels der Zinsschraube steuernd in die Geschäftstätigkeit eingegriffen werden. Die EZB überweist monatlich derzeit ca. € 70 Mrd. an die Spiel-Banken, was die Inflation fördert. Wann diese Kredite wieder zurücküberwiesen werden sollen, ist unklar (siehe Tucholsky). Es sind die Banken, die für die Democrazy die Kohlen aus dem Feuer holen sollen, damit sich die hK sich ihre Finger nicht schmutzig machen muss. Dafür müssen die darüberliegenden Schichten die entsprechenden Rahmenbedingungen bereitstellen. Regierung und Wirtschaft sitzen auf einem Tandem-Rad mit nur einem Pedal-Paar. Den vorderen Sitz belegt die Regierung und sollte lenken. Den hinteren Sitz belegt die Wirtschaft und sie tritt in die Pedale oder auch nicht. Sie hat daher großen Einfluss in welche Richtung die Fahrt gehen soll (geheimes und offenes Lobbying). Das Subsidiaritätsprinzip nutzt die Wirtschaft, um Gesetzesnormen und Verordnungen bei der Durchsetzung zu ihren Gunsten beeinflussen zu können (Kann-Bestimmungen). So kann der Ermessensspielraum der Verwaltung voll ausgenutzt werden. Die Banken üben daher uneingeschränkte Macht in der Wirtschaft mittels Kredite und Zins aus und machen damit die Industrie und Menschen zu ihren modernen Sklaven. Die steigenden Einkommen werden zu einem guten Teil über höhere Steuern und erhöhte Immobilienkosten / Bankkredite wieder abgeschöpft und werden über Bankkredite wieder Handel / Industrie / Bürger angeboten. Noch vorhandenes Geld stützt den Konsum. Freies Kapital fließt in die Finanzwelt zurück. In Zukunft wird die 20:80 Gesellschaft entstehen, was bedeutet, dass nur noch 20 % der arbeitsfähigen Bevölkerung nötig ist, um die Weltwirtschaft in Gang zu halten.

Das Finanzsystem hat daher großes Interesse, die Immobilienpreise durch ein knappes Angebot möglichst hoch zu halten. Somit ist es heute für einen Arbeitnehmer schwieriger, sich Immobilien-Eigentum zu verschaffen als noch vor 20 Jahren. Beim Kauf von Immobilien werden die Vertragsbedingungen durch die Wirtschaft diktiert. Die Gesetze sind so ausgelegt, dass der Wohnungskäufer die Vorgaben voll akzeptieren muss, wie Gewährleistungsabtretungen an Firmen, Hausverwaltungsauswahl durch die Bauträger für 5 Jahre, etc. Eine Hausverwaltung, die nicht die Interessen des Bauträgers vertritt und das sind meist große Kapitalgesellschaften, bekommt mit Sicherheit keine neuen Geschäfte. Damit die Eigentümer möglichst schnell den Überblick über die Finanzen verlieren, wird im WEG die Einnahmen- / Ausgaben-Buchung vorgeschrieben (keine Bilanzierung), was bedeutet, dass Außenstände (Aktiva / Passiva) nicht in die Jahresabrechnung aufgenommen werden müssen. Verwaltungsbeiräte prüfen daher nur, ob die Jahresabrechnungsposten richtig aufaddiert wurden (dienen nur der Entlastung der Hausverwaltung).

Da viele Firmen international tätig sind, können Gewinne leicht im Ausland investiert bzw. verschoben werden (sogenannte Koordinations-Center im Ausland, etc.) was zu Arbeitsplatzverlust im Inland führt. Die dabei entstehenden Wettbewerbsnachteile werden dann durch Subventionen gemildert bzw. entlassene Arbeitnehmer sozial abgefedert. Auch der Euro begünstigt die Großkonzerne. Auf wen fällt der Euro-Würfel?

Die Einführung einer „Tax On Wall Street" (damit sollen die Transportkosten für Geld erhöht werden, Tobin Tax) ist ein hilfloser Versuch sich Geld bei den Spekulanten zu verschaffen. Pro Tag werden Devisengeschäfte (Bonds) in der Höhe des Bruttosozialprodukts (BSP) Deutschlands (ca. 1,5 - 2 Bill.€) von den Börsenspekulanten getätigt. Dies erlaubt die Affengleichheit.

Kapital Standards, wie Basel II genannt, machten erst die Katastrophe des Bankensystems möglich, indem die sogenannten Rating Agenturen aufgewertet wurden. So wurden die strengeren Kreditvergaberichtlinien unterlaufen. Weder die sogenannte Zentrale der Zentralbanken, Bank of international Settlement (B.I.S.) in Basel noch das Basel Committee haben die großen Spielbanken überwacht. Alle diese juristischen Spezialisten degenerieren zu Partylöwen.
Nun gibt es Basel III, was besagt, dass jede Bank 8% der Außenstände (Kredit, Schulden) als Rücklagen bei der EZB

hinterlegen muss, um faule Kredite abschreiben zu können, denn sonst würde Insolvenz drohen.

In den USA wird der Aktienmarkt und damit die Wirtschaft von der Zinshöhe (FED Fund Rate) durch die Federal Reserve (FED) beherrscht. Kleine Zinsänderungen von nur 0.25% haben daher großen Einfluss auf die Wirtschaft. Auch die FED versucht die Spiel-(Banken) mit monatlichen hohen 2stelligen Milliarden Geschenken zu beglücken. Die USA – Investoren haben dann grenzenlos Geld mit dem sich die Staaten weltweit verschulden. Wenn die Schuld nicht getilgt wird, werden Flugzeugträger als Drohung an den Küsten installiert. Über die nun fallenden Rohstoffpreise werden die Kredite wieder einkassiert. 1895 wurde Spanien besiegt und seitdem ist die USA die Weltmacht.
Gründung der FED USA 1907 aus Anlass des San Fransisco Erdbebens 1906, Schaden 64 Mill. $. Die Immobilien waren großteils bei Versicherungs-gesellschaften in England auf Goldbasis versichert. Die Engländer erhöhten die Schuldzinsen. Nun rettete J. P. Morgan den Verfall des $ indem er für 30 Mil. $ Gold nach N.Y. City schickte, als Pfand für die Engländer. Die Bank druckte dafür für 30 Mill. $ Geldscheine in $. Der Dollar war der Willkür der Banken ausgesetzt. Der Kongress gründete danach die FED mit 8 Zweigstellen.

Nach Tucholsky (1927): zwischenstaatlich organisiert sind in Europa nur das Verbrechen und der Kapitalismus. Das Zitat gilt auch heute noch.
Handel:

Es sind die ausreichend vorhandenen Rohstoffe, sogenannte Ressourcen, die einen globalen Handel erst ermöglichen. Diese werden von den USA mittels Flugzeugträger weltweit überwacht und ausgebeutet. Gleichzeitig werden kleine Wohlstandsinseln für die einheimische Bevölkerung geschaffen, wie Angola – Cabinda / Luanda (Öl), Japan (Produkte), Kuwait (Öl), Qatar (Öl / Gas), Singapur (Schifffahrt / Produkte), Südkorea (Produkte), etc. Die Überbevölkerung erzeugt die Wegwerfprodukte für den westlichen Konsum.

Der Außenhandelsüberschuss kann dann zum Landgewinn im Ausland eingesetzt werden (friedliche Eroberung von Land). So besitzen die Japaner bereits ein Drittel des Landes im Bundesstaat Louisiana-USA. Im Prinzip kann eben der Dollar (die Währung) nur in dem Land in Güter gewechselt werden, wo er als Zahlungsmittel ausgegeben wird (Güter gegen Land). Länder, die nicht mit Land bezahlen können, sind dann gezwungen die ausländischen Maschinen mit Produkten abzuzahlen (Tomaten, Stahlblech, Halbfertigprodukte, etc.), was meist nicht funktioniert. Durch die massive Verschuldung sind diese Länder der Weltbank ausgeliefert, was zu einem enormen Preisverfall der Rohstoffe führte. In Ungarn ist bereits 1/3 der landwirtschaftlichen Nutzfläche in ausländischer Hand. Die EU-Ost-Erweiterung wird den Ausverkauf noch beschleunigen.

Der Markt funktioniert nur dort, wo eine Nachfrage innerhalb kurzer Zeit durch ein erhöhtes Angebot befriedigt werden kann.

Dadurch wird die Effizienz der Wirtschaft ständig gesteigert und die Güter werden immer preiswerter. Der Bürger kann sich zwar mehr billige Konsumgüter kaufen nicht jedoch preiswerten Wohnraum.

Relativ großflächige Grundstückseigentümer in Deutschland sind noch immer die Bauern. Großfarmen in den USA, die meist 100 bis 1000 mal so groß sind wie in Deutschland (oder sonstwo), die meist Banken, Versicherungen oder Kapitalgesellschaften gehören, zwingen die einheimischen Bauern zu einem ruinösen Konkurrenzkampf. Nur ein kleiner Teil der landwirtschaftlichen Förderung dient dazu die sozialen Spannungen der Bauern etwas abzufangen. Der größere Teil verschwindet in der Verarbeitungsindustrie, wo die Banken stark beteiligt sind. Gleichzeitig werden traditionelle Bevölkerungsstrukturen zerschlagen, die bekanntlich nicht für Internationalismus und Globalisierung stehen. Somit ist es den Kapitalgesellschaften leichter möglich, sich das Wertvollste, was ein Land hat, nämlich Grund und Boden, zu beschaffen und zwingt den Kleinunternehmer in ein unselbständiges Arbeiterverhältnis. Die Banken geben gerne Kredite auf Grundstücke und Immobilien, wenn der Kredit an erster Stelle im Grundbuch eingetragen ist. Risikokapital für Innovationen, Ideen, besonders von Großbanken, gibt es kaum.

Der zur Berechnung der Preissteigerung eingeführte Warenkorb ist so ausgelegt, dass ein möglichst positives Bild bezüglich des Verbraucher Preissteigerungsindex (VPI) entsteht. Dieser gilt dann wiederum als Basis für spätere Lohnerhöhungen. Der tatsächliche, jährliche VPI ist jedoch einfach durch den

Geldmengenzuwachs von M3 (Bargeldumlauf + Termin-
einlagen (4 Jahre) Quasigeld + Spareinlagen mit gesetzlicher
Kündigungsfrist) Minus der Zunahme des Wirtschaftswachs-
tums zu bestimmen, z.b.: M3 - Zuwachs 10% Minus 2%
Wirtschaftswachstum = 8%. Es müsste noch der Geld- und
Warenverkehr mit dem Ausland (Außenhandelsbilanz)
eingerechnet werden. Dies entspricht ca. der PR.1990 bis 1993.
Etwa der doppelte Wert gegenüber dem Warenkorb. In etwa
entspricht der Diskontsatz der EZB dem VPI. Nimmt die
Produktion z. B. um 2% zu und die Produktivität steigt
ebenfalls um 2%, dann bleibt der Arbeitsmarkt unbeeinflusst.

Die Verwaltung ist durch die finanzielle Ausstattung so
eingeschränkt, dass sie ihre Aufgaben nur ansatzweise
durchführen kann (Schwarzarbeit) oder wird durch die Gesetze
behindert (Werksverträge mit polnischen, tschechischen
Firmen).

Die Medien werden für die Eigendarstellung der Wirtschaft
genutzt (V.i.S.d.W.), wie Automobilausstellungen, Imagepflege
(die Chemie hilft der Natur bei der Reinhaltung der Flüsse, etc).
Aber es wird auch versucht, über rechtswissenschaftliche
Veröffentlichungen der Wirtschaft nahestehenden Instituten
bzw. Gutachten die herrschende (Rechts)-Meinung zu
verändern.
Die Wirtschaft und die Gesetze verlangen von den Arbeitern
unbedingte Loyalität. Politik und damit Demokratie hat am
Arbeitsplatz nichts zu suchen. Arbeitnehmervertretungen haben
beratende Funktion, um Störungen im Arbeitsprozess gering zu
halten. Mitbestimmungen in Aufsichtsräten sind so angelegt,

dass die Kapitalseite immer eine Mehrheit in Abstimmungen hat. Systememinent ist der Mensch nur ein Kostenfaktor. So versucht ein französisches Telecom Unternehmen dadurch Mitarbeiter loszuwerden, indem das Rotationsprinzip beschleunigt wurde. Da werden viele aus der Kurve geschleudert und mehr als zu viele suchen den Freitod. Auch eine Art Freiheit. Die Wirtschaft stellt den Laufstall für den Demokraten bereit und diese führt ihn an der „demokratischen" Leine. Entspricht die Umlaufgeschwindigkeit, zu schnell oder zu langsam (Flexibilität), nicht der Wirtschaft, so wird die Leine verkürzt wobei sich die Fliehkraft (Spannung) erhöht. In bestimmten Fällen wird dann die Leine ruckartig losgelassen und der Demokrat fliegt dann im großen Bogen aus dem System, dies dient dann als Abschreckungs-beispiel. Es herrscht die Plutokratie.

Der Aktionismus der sogenannten „Besten Köpfe", die auch nur die Kostgänger des Systems sind schafft die Grundlage, um dem dummen Bürger die Steuerlast besser verkaufen zu können. Die Kosten werden sozialisiert (Bankenkrach) und die Gewinne privatisiert. Soll heißen: teile und herrsche !!!

Beschreibung Pyramide **Dritte** Schicht: **Gerichte,** geheimnisvolles Machtzentrum

Laut GVG wird die richterliche Gewalt durch unabhängige, nur dem Gesetz unterworfene Gerichte ausgeübt. Gesetzgeber dürfen nicht als Zeuge oder Sachverständiger vor Gericht über die Gesetzesauslegung selbst befragt werden. Über die Geschäftsordnung der Gerichte wird festgelegt, welcher Jurist als Richter oder Staatsanwalt im laufenden Geschäft eingesetzt wird. Selbstverständlich wird versucht, mit mehr oder weniger Erfolg, auf die Gerichte über Interessensgemeinschaften einzuwirken. Als Beispiel wird hier Prof. Karl Engisch (München) angeführt: Richterliche Rechtsfortbildung (FS 600 Jahre Universität Heidelberg, 1986) S. 9: „Natürlich muss der Richter oder sonstwie zur Entscheidung Berufene danach trachten, Kontakt zu finden ... mit den Ansichten der führenden Schicht ... (Konservative Grundströmung)", was sicherlich nicht zum beruflichen Nachteil des Richters sein wird. Die Aufgabe der Gerichte ist es, das Pyramidensystem zu schützen! Im 19. Jahrhundert hat sich die sogenannte Positivismus-Lehre (Windscheid und andere) sowie die "Reine Rechtslehre" (Kelsen 1881-1973) gebildet, was bedeutet, der Gesetzestext sagt alles, keine Interpretation der Gesetze durch das Gericht. Die Wortwahl der Rechtslehren (positiv / rein) erhebt den Gesetzestext zum Dogma. Die Richter werden damit zu blinden Erfüllungsgehilfen des herrschenden Systems und so ließen sich die Richter leicht auf das Nazisystem einschwören (Juristentag-Leipzig 1933). Kelsen, Staatsrechtsprofessor, wurde von den Nazis entlassen und musste ins Ausland gehen.

Im Mai 1945 wurden alle Beamten, auch Richter, Staatsanwälte, von den Alliierten entlassen. Bereits Ende 1945 wurde
mit Hilfe des Huckepackverfahrens für einen nichtbelasteten
Richter ein belasteter Richter wieder in den Dienst
aufgenommen. Diese Beschränkung wurde jedoch bereits im
Juni 1946 wieder aufgegeben. Bis auf wenige Ausnahmen war
die Justiz 1949 mit den gleichen Richtern / Staatsanwälten
wieder besetzt, als zur Nazizeit. Diese Herren konnten dann
1949 den Eid auf die Verfassung der BRD ablegen, obwohl
bekannt war, dass viele Richter in der Nazizeit das Recht
gebeugt haben und deshalb viele Bürger zu Tode verurteilt
wurden. Staatsanwälte missachteten das Legalitätsprinzip. Eine
inoffizielle Amnestie erfolgte am 1. Oktober 1968 durch einen
angeblichen "Irrtum" des Gesetzgebers. Kein einziger
Nazirichter wurde in der BRD je angeklagt. Hier erlaubt sich
der Verfasser den Hinweis auf das Buch "Furchtbare Juristen"
von Ingo Müller, Verlag Knaur. Viele der DDR Richter wurden
nach dem Zusammenbruch der DDR in die BRD Justiz
übernommen. Wenn nun der Bundeskanzler von der Gunst der
späten Geburt spricht, damit meint er auch seine Geburt, dann
sagt er doch nur das:
wäre er früher geboren worden, wäre er vielleicht ein Nazi
geworden?, oder wäre er in der DDR aufgewachsen, wäre er
vielleicht ein Kommunist geworden? Man fragt sich, für welche
Werte stehen eigentlich die Repräsentanten der Democracy
oder Democrazy ? Für welche und wessen Freiheit zu wessen
Gunsten? (siehe weiter oben, Freiheit und Verantwortung im
Verfassungsstaat).

Das Leben jeder Gesellschaft wird zu allererst durch das Zivilrecht (BGB) geregelt. Leider hat der Gesetzgeber kein Interesse, die teilweise uralten Gesetze (19. Jahrhundert, Zivilrecht, Reichsjustizgesetze, etc.) umfassend neu zu gestalten, soll doch die konservative oder liberale Grundstruktur erhalten bleiben. Dem BGB wurden daher einige Satellitengesetze zur Seite gestellt (AGB, Ehegesetz, WEG, etc.) Das BGB verdankt seine rechtstechnische Höhe insbesondere der Wissenschaft vom Römischen Recht im 19. Jahrhundert (Pandektistik / Panthelismus). Das römische Recht der Antike wird auch Justinianisches Recht („Corpus iuris") bezeichnet. Die sogenannte „Anhörung durch Kaiser Justinian" im Hippodrom kostete 30 Tsd. Römern das Leben (Prätorianer Garde). Auch Gesetze aus der nationalsozialistischen Zeit haben heute noch ihre Gültigkeit (Insolvenzrecht 1937, Ehegesetz wurde entnazifiziert 1946) oder wurden erst sehr spät ersetzt (Angestelltenversicherung - Handwerksmeister, Krankenversicherung der Rentner - AOK, Sicherheits- verwahrung, etc.). Die Langlebigkeit der Gesetze (unbegrenzte Laufzeit, Art. 123 I GG) führt zu einem stetig wachsenden Substanzverlust. Die Gesetze werden dann durch die Gesetzesanwender auf die gegebene politische, soziale Gesellschaft uminterpretiert (Richterrecht / Präjudizien), was die Rechtsunsicherheit erhöht. Nach herrschender Meinung (BVerfGE 79,121) ... ist das Gesetz klüger als der Gesetzgeber ... Kein Wunder, dass die Demokratie bzw. ihre Repräsentanten an Ansehen in der Bevölkerung rapide verlieren. Die bei Gericht verwendete Kunstsprache erschwert zusätzlich dem Bürger den Rechtseinblick. Es ist daher nicht zu erwarten, dass die Forderung des Bundespräsidenten a. D. Herzog, die Urteilsbegründung für den Normalbürger verständlicher zu machen, umgesetzt wird. Der Zugang zu den Gerichten ist fast ausschließlich nur durch Rechtsbeistand (Anwaltszwang) möglich, gilt sowohl für Straf- als auch Zivilrecht (BGB, Handelsrecht, Familienrecht, etc.) Dies kann für den finanziell Schwachen eine unüberwindliche Hürde darstellen. Der allgemeine Gerichtsstand richtet sich nach dem Beklagten (Wohnort oder Sitz der Firma). Ist der Gerichtsstand außerhalb des Wohnsitzes des Klägers, ist meist ein Korrespondenzanwalt zusätzlich zum eigenen Anwalt nötig, der zusätzliche Kosten verursacht. Die sogenannte Waffengleichheit (Vertragsfreiheit) der Parteien, die das BGB vorgibt, ist daher nur scheinbar gegeben. Bildlich gesprochen kann sich der Normalbürger vielleicht nur eine Steinschleuder leisten, der finanziell Starke eine Laserkanone. Auch eine Rechtsschutzversicherung deckt nur bestimmte Fälle ab, bringt jedoch zusätzlich Mandanten für die Anwälte.

Da der Bürger das Tun des Rechtsbeistandes bzw. der Gerichte nicht überblicken kann, das gilt sogar teilweise für Anwälte, ist er hilflos dem Rechtslabyrinth ausgeliefert, was einer Entmündigung gleichkommt. Vorteilhaft ist so ein Rechtssystem für Juristen und Gerichte. Erstens sind beide ausreichend beschäftigt und zweitens kann über die Streitwertfestlegung bzw. GKG / RVG gut verdient werden. Man kann nicht erwarten, dass der Gesetzgeber (Parlament), wo die Juristen großen Einfluss ausüben, der Justiz / Anwälte ein sogenanntes „Lean Management" verordnen. Für bestimmte Fälle kann die Höhe der Streitwertfestsetzung und das damit

verbundene Kostenrisiko aufgrund unklarer Gesetzeslage (war die Henne oder das Ei zuerst da?) eine unüberwindliche Hürde sein Zivilklage einzureichen. Damit wird eine Disziplinierung des Bürgers in Zivilsachen gegenüber der Wirtschaft erreicht. Der nun bevollmächtigte Anwalt ist durch das Weisungsrecht vor Streitereien mit seinem Mandanten wegen mangelhafter Prozessführung, eventuell Verdacht auf Prävarikation, geschützt. Nun kann der Anwalt den Mandanten erpressen, wissend, dass ohne Anwalt „Versäumnisurteil" ergeht, siehe Az. unten.
Die Entlastung der WEG - Verwalter / Aufsichtsräte, etc. durch die Wohnungseigendümmer, Aktieninhaber, etc. macht den Bock zum Gärtner. So erlangen gefälschte Protokolle Rechtskraft. Der Streitwert der vor Gericht angefochtenen Punkte der Tagesordnungen ist durch die Höhe der zur Abstimmung bestimmten Beträge festgelegt und nicht durch die tatsächlich anfallenden Kosten des Streitfalles (keine Kostenneutralität / Feststellungsklage). Damit vor Gericht kaum eine Beweisführung möglich ist, ist es verboten, während der Versammlung Video- oder Tonaufzeichnungen zu machen (Datenschutz oder Täterschutz?). Eigentümer von WEG-Gemeinschaften können nur gegen die Gemeinschaft, also gegen sich selber Klage erheben und nicht gegen den Hausverwalter. Dies fördert natürlich nicht den Gemeinschafts-sinn oder ist dies vom Gesetzgeber sogar gewollt?

Erst seit 1. 1. 77 ist die sogenannte Vereinfachungsnovelle in Kraft, die unter anderem auch eine Prozessförderungspflicht (Beschleunigung) von den Parteien und dem Gericht verlangt. Zuvor konnte solange gestritten werden, bis einer der Parteien das Geld ausging. Jedoch auch heute noch zieht sich oftmals ein Prozess über Jahre hin.

Die Parteien sind zwar zur Wahrheit verpflichtet, jedoch ein Verstoß gegen die Wahrheitspflicht ist nur das bewusste Lügen, nicht jedoch der bedingt vorsätzliche falsche Vortrag, siehe V.i.S.d.P.. Ein falsches gerichtliches Geständnis, das sich später als nachteilig erweist, gilt weiterhin als Prozessnachteil für den Lügner.

Eine sehr gebräuchliche Generalklausel ist das Prinzip auf Treu und Glauben. Das Prinzip wird auf fast alle Rechtsverhältnisse angewandt. Es gibt den Spruch in der Bevölkerung: Glauben heißt NIX wissen, und NIX wissen heißt blöd sein. Für den Glauben sollten eigentlich nur die Pfarrer zuständig sein. Auffallend ist hier schon, dass sowohl die Pfarrer als auch die Richter Kutten (Talar / Robe) in der Ausübung ihres Berufes tragen, oftmals sogar in gleicher oder ähnlicher Farbe. Beide versprechen, verkaufen die reine Wahrheit bzw. das ewige Leben. Ludwig Thoma sagte: Er ist Jurist und sonst von mäßigem Verstande! Die „teleologische" Auslegung eines Gesetzes durch das Gericht kann dann schon mal zu einer „theologischen" werden. Vor einer Verhandlung wird von den Anwälten oftmals der Spruch getan: Vor Gericht und auf hoher See bist Du in Gottes Hand! Karl Valentin sagte: Juristen haben die Fähigkeit, ein gespaltenes Haar nochmals zu spalten! Zeitbestimmte Abläufe, die jedoch normalerweise selten vorkommen, werden hingegen umfassend nach BGB behandelt, wie z. B.: ob der Fötus schon vor der Geburt erbberechtigt ist, etc.

Damit der Bürger, gemeint ist hier nur der einzelne Bürger und nicht die Medien oder die Wirtschaft, nicht beginnt in Zusammenhängen zu denken, wie dies in diesem Buch der Fall ist, hat man ihm auch noch den juristischen Maulkorbparagraph (MKP), die Einstweilige Verfügung (ZPO 940) mit Erzwingung der Unterlassung (ZPO 890) aufgesetzt. Somit ist es dem Bürger verboten, bei hohen Geld- oder Gefängnisstrafen (bis € 500000 oder 6 Monate (2 Jahre)) in Tatsachen und damit in Behauptungen zu denken. Das verstehen Gerichte als Wahrung des Rechtsfriedens. Es ist also exklusiv den Gerichtsverhandlungen vorbehalten, Behauptungen und Tatsachen mündlich oder schriftlich darzulegen. Bei Wiederholungen werden Ordnungsgeld bzw. –haft angedroht. Der MKP wird meist ohne Verhandlung durch das Gericht, das heißt, ohne Anhörung der gegnerischen Partei, ausgesprochen. Sollte es zu einer Verhandlung kommen, so sind wichtige Beweismittel wie Audio- Videoaufzeichnungen dann meist wegen Verstoß gegen das Datenschutzgesetz nicht zugelassen. So ist es verboten, von geschlossenen Veranstaltungen Video- oder Audioaufzeichnungen zu machen, wenn ein Mitglied sich dagegen ausspricht. Ein Normalbürger, der nichts zu verbergen hat, braucht den so gearteten Datenschutz nicht. Da wird der Datenschutz zum Täterschutz umfunktioniert.

Höchstrichterliche Urteile besitzen keine Gesetzeskraft. Im gleichen Fall muss das Recht immer wieder neu erkämpft werden. Diese Tatsache wird in den AGBs ausgenutzt. Gerichtsentscheidungen, die gegen unzulässige Geschäftsbedingungen ergehen, gelten nicht für andere Fälle. Das

Unternehmen kann weiterhin die beanstandete Klausel für alle anderen Vertragspartner verwenden und die Klausel muss immer wieder neu vor Gericht angefochten werden! Der schlaue Ausspruch des Kanzlers, die Freiheit muss jeden Tag neu erkämpft werden, findet hier seine Bestätigung. Es ist also die Wirtschaft, die sich mittels Gesetzen zu Lasten des Bürgers ungerechtfertigte Vorteile beschafft. Eine Bedrohung der Freiheit von außen ist nicht gegeben. Auch die Geschichte zeigt, dass die Freiheit der Bürger meist durch die eigene herrschende Klasse nach belieben eingeschränkt wurde.

Aus dem Sachverhalt kann man somit erkennen, dass Gerichte (Schicht Null / Drei) eine Ventilfunktion für die unteren haben und eine weitere Ventilfunktion nur dazu dient, Dampf durch Palavern abzulassen, gilt auch zum Teil für „Call Center", damit die physikalische Konfrontation vermieden wird.

GVG/ZPO/StPO

Im Prinzip werden Gerichte nicht von selbst tätig, wo kein Kläger auch kein Richter (StPO 151). Der Strafprozess wird durch den Staatsanwalt in Gang gebracht, Ausnahme sind Privatklagedelikte und der Zivilprozess durch die Parteienklage. Vor dem Strafprozess sind Richter zur Rechtsfindung verpflichtet, nicht so vor dem Zivilprozess (Parteienverfahren)!!!

Eine Zurückweisung eines Streitfalles wegen einer Gesetzeslücke ist nicht erlaubt. Dann erfolgt die Rechtsfindung mittels Rechtserfindung durch das Gericht (Arbeitskampfrecht, Leasingverträge, nichteheliche Lebensgemeinschaften, Leihmütter, etc.).

Nach Abschluss des zweiten Staatsexamens kann der Jurist in allen Gesetzesbereichen eingesetzt werden. Fachbezogene Richter gibt es nicht. Dies hat zufolge, dass sich die Kluft zwischen juristischem Denken und gesundem Menschenverstand vertieft. Juristisches Denken ist Denken in Schritten. Da besteht die Gefahr, dass der Gesamtüberblick verloren geht. Weder Anwälte noch Richter oder Gerichte tragen Eigenverantwortung, auch wenn ein Urteil sich nachträglich als falsch herausstellt (Justizirrtum). In den USA wurden schon öfter irrtümlich Menschen hingerichtet!

Die Auslegung der Gesetze erfolgt nach dem Wortlaut oder Wortsinn (philologische oder grammatische Interpretation). Bezüglich Wortsinn können Hilfen verwendet werden (Grimmsche Wörterbuch, etc.), wohl doch nicht für Märchenstunden ?

Nur vor den Amtsgerichten können sich auch die Parteien selbst vertreten und haben auch Akteneinsicht. Ansonsten werden Notanwälte oder Pflichtverteidiger bestellt. Anwälte haben jederzeit als Bevollmächtigte Akteneinsicht.

Es ist Anwälten nicht erlaubt, ihre Dienste mittels Medien anzupreisen (Werbeverbot).

Zivilprozess – ZPO (Streitswert > € 5000, Anwaltszwang)

Der Rechtssuchende braucht einen bevollmächtigten Anwalt und muss sich damit „entmündigen". Übt der Mandant Kritik an der mutwilligen, nachteiligen Ausübung des Mandats durch den Anwalt (Prävarikation, etc.), so beendet dieser das Mandat aus einem „Wichtigen Grund". Der wichtige Grund wird von den Beschwerdeinstanzen gestützt (keine Zulassung der Rechtsbeschwerde zum BGH). Die Bestellung eines Notanwaltes wird verhindert, mindestens 5 Absagen (siehe unten StPO) und die Folge ist das Versäumnisurteil., denn Notanwälte werden nur nach dem RVG bezahlt. Die Anwaltschaften wollen durch Streitwerterhöhung, Abrechnung auf Stundenbasis, möglichst viel abkassieren, also alles nur Abzocke. Dies fördert die Korruption des sogenannten Rechtsstaates, siehe unten unter Aktenzeichen.

Der Zivilprozess ist ein Parteienprozess. Es wird nur über den mündlichen Parteienvortrag verhandelt (Dispositionsmaxime). Der Richter kann daher unvorbereitet die Verhandlung leiten. Er muss nicht die vorbereiteten Schriftsätze lesen bzw. Ladungen von Zeugen (Beweise) verfügen. Das Gericht ist nicht von sich aus zur Rechtsfindung verpflichtet. Behauptungen der gegnerischen Partei, die nicht widersprochen werden, werden als wahr vom Gericht anerkannt. Wer schweigt, stimmt zu. Berufung ist vor dem LG oder OLG möglich, Revision nur vor dem BGH. Zu beachten ist auch die Vollstreckungsaussicht bei gewonnenem Prozess. Kann der gewonnene Prozess nicht vollstreckt werden, so muss der Kläger auch die Kosten des Gerichtes tragen. Eine

Kostenabschätzung kann über den Streitwert mittels GKG und RVG erfolgen.

Der Spruchkörper (Richter) der Gerichte setzt sich unterschiedlich zusammen:
AG,   1 Richter.
LG,   3 Richter oder Einzelrichter(Ermessenssache).
OLG,   3 Richter.
BGH,   5 Richter.

FGG Prozess

In folgenden Sachen werden FGG Prozesse geführt: Vormundschaft, Familiensachen, Hausratsteilung, Personenstand, Nachlass, Register, WEG a. F., etc.
Grundsätzlich wird zwischen Verfahren nach Offizial-maxime (Amtsverfahren,   AG)   und   Dispositionsmaxime (Antragsverfahren,   Beschwerdeverfahren)   unterschieden. Entscheidungen werden grundsätzlich nicht rechtskräftig, im Gegensatz zu Urteilen der streitigen Gerichtsbarkeit.

Strafprozess – StPO (Pflichtverteidiger, siehe ZPO oben)

Das Gericht bestimmt einen Pflichtverteidiger, wenn der Angeklagte von sich aus keine anwaltliche Vertretung haben will. Geht es nur darum der eigenen, gerichtsnahen Klientel Einkommen zu verschaffen, alles nur Abzocke. Verliert der

Angeklagte den Prozess, so muss er auch die Kosten des Pflichtverteidigers tragen.

Der Strafprozess ist ein Wahrheitsfindungsprozess von Amts wegen, einschließlich Ermittlungsverfahren, basierend auf der Offizialmaxime. Anders der angelsächsische Strafprozess, Parteienprozess mit Kreuzverhör durch die Parteien. Die meisten Strafsachen haben ihren Ursprung im zivilen Bereich. Der finanziell Schwächere hat die Machtstellung des Stärkeren zu dulden. Wenn finanzieller Kollaps droht, ist der Weg in ein Strafvergehen nicht mehr weit. Erst mit Beginn des Strafverfahrens erhält der Bürger die ganze Fürsorgepflicht des Staates durch das Gericht. Die Strafbemessung hängt also auch davon ab, ob Absicht oder nur dummes Verhalten (z.B.: alkoholisiert bei Mord) die Straftat auslöste. Drogensüchtige erhalten umfangreiche Rehabilitationsaufenthalte. Der Staat gibt sich hier menschlich, was aber nur als Alibi dient, die Ordnungsmacht sozial darzustellen. Die Opfer von Straftaten gingen bis vor kurzem noch leer aus und die heutige Entschädigung hat teilweise nur Alibi Funktion (Opfer-Entschädigungs-Gesetz von 11. Mai 1976 / 7. Jan.1985).

Die Strafverfolgung kann aus politischen Gründen unterbleiben. (StPO 153d, StGB 104a). Würde Haftgrund vorliegen, ist nicht einmal eine beschränkte Verhaftung (wegen Verdunkelungsgefahr) möglich. Seit 1.3.1993 gibt es die Entlastung der Rechtspflege, siehe StPO 153(a). Die Verfahrenseinstellung kommt sogar bei mittlerer Schuld, z. B.: größere Steuerhinterziehung in Betracht, wenn Staatsanwalt, Gericht und der Beschuldigte zustimmen. Meist werden höhere

„Geld Sanktionen" verhängt. Im Volksmund „Geheimjustiz" genannt (kein öffentliches Gerichtsverfahren). Wer genug Geld hat kann sich freikaufen.

Der Verteidiger (max. 3) ist nicht Vertreter des Beschuldigten! Er kann auch Beweisanträge gegen den Willen des Beschuldigten stellen und ist zur Wahrheitsfindung zu Gunsten des Beschuldigten verpflichtet. Der Beschuldigte hat ein Schweigerecht. Der Verteidiger hat gegenüber dem Mandanten keine persönliche oder auch nur beschränkte Haftung. Die Kosten werden über die RVG abgerechnet.

Quellenschutz besteht für außenstehende Informanten von Presse und Rundfunk. Eine Enttarnung des Informanten kann nicht erzwungen werden.

Schöffen haben im Prinzip nur den einen Zweck, das Volk scheinbar in die Rechtsfindung mit einzubeziehen. Hier wird der Angeklagte zum Spielball der Gefühle des Gerichtes. Die Geschworenen (USA 12 Jurors, 12 Alternates) im angelsächsischen Recht, denen meist jede Rechtsbildung fehlt, dürfen dann über Leben und Tod entscheiden, Sympathien oder Antipathien spielen dann eine oftmals entscheidende Rolle. Viele Geschworene, überwältigt von der gewonnenen Macht, befriedigen ihre Gier nacht Macht, beziehungsweise stärken ihr Selbstbewusstsein. Durch Befragung des Angeklagten können sie zeigen, wer in dem Theaterensemble die erste Geige spielt. Der Staat lässt von Laien Urteile fällen und wäscht sich damit in Unschuld, wenn sich später herausstellt, dass ein Fehlurteil exekutiert wurde. In den USA ist es sogar möglich, dass man den Strafprozess gewinnt, jedoch den Zivilprozess verliert (O.J.Simpson Urteile). Karl Valentin lässt grüßen, das verstehe wer es will.

Die Strafbemessung bzw. Höhe der Ordnungswidrigkeit hängt sehr vom Ermessensspielraum der Gerichte / Polizei ab. So werden in ähnlichen (gleichen) Fällen unterschiedliche Urteile / Ordnungsstrafen / Verwarnungsgelder verhängt. Für Meineid reicht der Strafrahmen von 0.5 - 5 Jahren in einem minder schweren Fall, mindestens 1 Jahr für einen schweren Fall (Verbrechen). Wird der Eid nach der Formel: "Nach bestem Wissen ..." abgelegt, so wäre noch zu überlegen, ob man noch hinzufügt, "so wahr mir Gott helfe", so wie das die Regierungsmitglieder, etc. tun. Eventuell ist dann noch Aussagenotstand zu berücksichtigen. Der Strafrahmen für Trunkenheit im Verkehr reicht von Geldstrafe bis Freiheitsstrafe von 1 Jahr (fahruntüchtig ab 1,3 Promille, Fahrrad ab 1,5 - 2 Promille), für Vollrausch mit rechtswidriger Tat von Geldstrafe bis zur Freiheitsstrafe von 5 Jahren (fahrlässige Tötung). Für Personen, die durch die Medien bekannt oder selbst Juristen sind, wird der Ermessensspielraum durch die Gerichte zu Gunsten des Angeklagten meist voll ausgeschöpft. In der sogenannten fallbezogenen Entscheidung geht dann teilweise der Gleichheitsgrundsatz (Gerechtigkeit) verloren. Man braucht sich nicht wundern, wenn die Bevölkerung die Urteile dann so sieht: die kleinen hängt man, die großen lässt man laufen (siehe auch oben StPO 153). Offensichtlich ist Rechtsunsicherheit, nicht nur im Zivilrecht sondern auch im Strafrecht, ein Markenzeichen der Democrazy.

Der Spruchkörper (Richter) der Gerichte setzt sich
unterschiedlich zusammen:
AG,   1 Richter. Privat Klage, Straftat max. 2 Jahre
SG,   1 Richter plus 2 Schöffen. Geldstrafe,
          Straftat max. 4 Jahre.
SG-e, 2 Richter plus 2 Schöffen, Straftat mehr als 4 Jahre.
LG,   2(3) Richter plus 2 Schöffen, Straftat mehr als 4 Jahre.
LG,   3 Richter plus 2 Schöffen, (Schwurgericht)
          Tötungsdelikte vorsätzlich.
OLG, 5 Richter, Staatsschutzsachen und Völkermord.
OLG, 3 Richter (Revision)
BGH, 5 Richter (Revision)

Hinweis von Roman Herzog BVerfG Präsident a. D.
Ein Staat der sich selbst nicht ernst nimmt, ist korrupt.

Die Korruption ist so alt wie die olympischen Spiele, schreibt
der griechische Schriftsteller „Pausanias". Die korrupten
Kämpfer der Spiele mussten ZAHNES-Statuen auf dem Weg
zur Wettkampf Arena in ELIS   aufstellen. Der Name des
korrupten Siegers wurde in die Statuen eingraviert.   Sie
mussten die Bronze Statuen selbst finanzieren. Einer davon war
der Fünfkämpfer Kalliepos im Jahr 332 v. chr. .

Schlussanmerkung **Affengleichheit**

Die Funktionalität der Pyramide mit beschränkter (Ver)-Haftung wurde durch die Schichten dargestellt. Schicht Null und Drei haben neben der Rechtssprechung (Verhaftung, Verurteilung) das Prinzip der beschränkten Haftung gegenüber den Machtzentren sicherzustellen und wirken als Schutzschild. Die beiden Machtzentren sind die Wirtschaft (geschlossen) und die Regierung (öffentlich). Damit ist sichergestellt, dass die, welche Macht ausüben, bei Machtverlust nicht in die Verantwortung, Pflicht genommen werden können. Die Democrazy kennt die Verantwortung nicht. Die Globalisierung (Falle) wird einen hohen Preis vom Bürger verlangen. Die von den Medien und der Politik überzogene bzw. erzwungene Freundlichkeit führt automatisch zur Täuschung und Lüge in der Democrazy und wer da nicht mitmacht, wird ausgegrenzt, gebrandmarkt und zum Schweigen gebracht. Wer schweigt, scheint zuzustimmen (stimmt zu); Qui tacet, consentire videtus. Die „Political Correctness" ist der MK für die Politiker. So entstehen und entstanden Geheimgesellschaften / Logen.

Der Begriff "Demokratie" hat in der heutigen Zeit viele Deutungen, daher legt der Artikel 20ff GG -b fest, dass es die parlamentarische und gewaltengeteilte Demokratie ist. Das ideologische Kräftespiel im Parlament führt zwischen Links und Rechts Pendelbewegungen durch und täuscht dem Bürger Voranschreiten bezüglich dringender gesellschaftlicher Problemlösungen vor. Der Bürger darf das Pendel alle 4 Jahre mal in Bewegung setzen. Doch die Pendelnabe (Machtzentrum, die Mitte, und alle trappeln in der Mitte rum) selbst bewegt sich nicht vom Fleck, was zu Machtverlust führen würde. Das Ziel ist klar: fortschreitende Entmündigung des Bürgers sowohl sozial als auch finanziell (Steuerlast); Paragraphendschungel. Das Politische System (herrschende Klasse) erkennt man am besten über die Kunst – Förderung und diese dient nur der Unterhaltung und nicht der Bildung: „**Kunst brunzt Dunst**". Die „Democrazy" lässt grüßen.

Das System mit zwei Haupt – Beinen (Parteien), steht mal auf dem linken Bein, mal auf dem rechten (Sumokratie). Droht Machtverlust, stellt man sich auf beide Beine (Große Koalition) und es wird die angebliche Unregierbarkeit abgewendet. Die Diktatur steht nur auf einem Bein und kann schnell instabil werden. Fällt der Kopf der Diktatur, fällt das System. Das System Democrazy wechselt die Köpfe, jedoch nicht die Seilschaften und so bleibt die Machtstruktur erhalten. Der Ausdruck „**Modekratie**" (hier wurde nur Demo gedreht) sagt viel, wird ja die Steigerung des Konsums und der damit verbundene Egoismus als alleinige Lebenserfüllung angesehen.

Schon 1840 schrieb Alexis de Tocqueville in „La Démocracie en Amérique": Anders als bei den Despotien (physikalische Gewalt) geht die Tyrannei auf den Geist los. „Du hast die Freiheit nicht so zu denken wie ich... aber von dem Tag an bist Du ein Fremder unter uns. Du wirst deine Bürgerrechte behalten, aber es wird Dir nichts nützen... Du wirst unter Menschen wohnen, aber Dein Recht auf menschlichen Umgang verlieren. Wenn Du Dich einem unter deinesgleichen nähern willst, so wird er Dich fliehen wie einen Aussätzigen, selbst wenn er an Deine Unschuld glaubt, wird Dich verlassen, sonst meidet man auch ihn. Gehe hin in Frieden, ich lasse Dir das Leben, aber es ist schlimmer als der Tod." Dazu siehe Dostojewski oben.

Das Verfassungsgericht umgibt der Heiligenschein der reinen Wahrheitsfindung und entscheidet über die Beschwerden (kein Urteil). So wird es auch gerne von der herrschenden Klasse für die Absegnung ihres Handelns angerufen. Das Grundgesetz sollte nicht dem Zeitgeist der Democrazy ausgesetzt sein. Nicht gut ist die Art, wie die Richter des BVerfG bestimmt werden. Gelten sie doch als Erbhöfe von Links und Rechts und das wirft einen Schatten auf das BVerfG.
Was macht der Verfassungsschutz (im Iran Wächterrat, Inquisition im Kirchenrecht bezeichnet heute Glaubenskongregation genannt, wo der Denunziant den vollen Schutz der Anonymität genießt)? jährliche Berichte: Wer in diesen Berichten steht ist schon eine politische Leiche. Der Geist muss in der Flasche bleiben (Goethes Faust II). Entweder ist die Verfassung so schlecht, dass sie vor den Bürgern geschützt werden muss oder die Bürger sind so schlecht? Der Verfasser sagt der Verfassungsschutz dient nur dazu, die Erbhöfe zu verteidigen. Das BVerfG sollte den Verfassungsschutz abschaffen. Er ist so überflüssig wie ein Kropf !
Korruption kann nicht bekämpft werden, denn sie ist Teil des politischen Systems Affengleichheit. Nur die Waffengleichheit kann die Korruption beseitigen.

ENDE **Affengleichheit**

Abkürzungen:

ABM	ArbeitsBeschaffungsMassnahme
a. F.	alte Fassung
AG	AktienGesellschaft
AG	AmtsGericht
AGBG	Allgemeine GeschäftsBedingungen Gesetz
	Seit 1. Jan. 2002 § 305 – 310 BGB
AbfG	Abfallbeseitigungs-Gesetz
AGG	Allgemeines Gleichbehandlungs Gesetz
AOK	Allgemeine Ortskrankenkasse
ARGB	ArbeitsrechtsGesetzBuch
AVO	AusführungsVerordnung
	Rechtsberatung Gesetz
BGB	Bürgerliches Gesetzbuch
BGBl	Bundes-Gesetz-Blatt
BGH	BundesGerichtsHof
B.I.S.	Bank of Intenational Settlement
	(Central Bankers Bank)
BRAO	Bundesrechtsanwaltsordnung
BSP	BruttoSozialProdukt
BVerfG	BundesverfassungsGericht
CFD	Command for Differenz
EEG	Erneuerbare Energie Gesetz
EnEV	Energie EinsparungsVerordnung
EU	Europäische Union

FED	Federal Reserve
FGG	Freiwillige Gerichtsbarkeit Gesetz
FRG	FremdRentenGesetz
GG	GrundGesetz
GKG	GerichtsKostenGesetz
GVG	GerichtsVerfassungsGesetz
GbR	Gesellschaft des bürgerlichen Rechts
GmO	GemeinschaftsOrdnung
HWK	HandWerksKammer
IfSG	InfesktionsSchutzGesetz
IHK	Industrie- und HandelsKammer
JP	Juristische Person
KöR	Körperschaft des öffentlichen Rechts
LG	LandGericht
LSt	LohnSteuer
MK	MaulKorb
MKP	MaulKorb-Paragraph
MwSt	MehrwertSteuer
NJ	Natürliche Person
n. F.	neue Fassung
OLG	OberLandesGericht

PGB	PresseGesetzBuch
PR	PreissteigerungsRate
PTR	ParlamenTarieR
RVG	RechtsanwaltsVergütungsGesetz
SGB	SozialGesetzBuch
SG	SchöffenGericht
SG-e	SchöffenGericht erweitert
StGB	StrafGesetzBuch
StPO	StrafProzessOrdnung
USt	UmsatzSteuer
UWG	UnlautererWettbewerbsGesetz
V.i.S.d.P.	Verdummung im Sinne der Presse
V.i.S.d.P.	steht oftmals in den deutschen Medien für "Verantwortlich im Sinne des Pressegesetzes"
V.i.S.d.W.	Verdummung im Sinne der Wirtschaft
VPI	VerbraucherPreissteigerungsIndex
VsR	Verfahrensteuernde Richtlinien
VG	Verwaltungsgericht
VW	VerWalter
WEG	WohnungsEigentumsGesetz, WE-Gemeinschaft
WHO	World Health Organisation
ZPO	ZivilProzessOrdnung

Eigenbeiträge (EB) mit Angabe der Aktenzeichen. Die folgenden Az. sind von Verfahren des Verfassers. Hinweise auf Gutachter (gerichtlich beeidet oder nicht) sind wichtig, weil Richter damit die Verantwortung an den Gutachter abschieben können.
Fremdbeiträge (FB) mit Angabe der nachprüfbaren Aktenzeichen und Gutachten, damit keine gefälschten Az. und Scheingutachten in der nächsten Version übernommen werden. Die FB können unter „Twitter gepostet" werden. Verunglimpfungen und Beiträge ohne Sachbezug werden sofort gelöscht.

Der Verfasser erlaubt jedem Interessierten Akteneinsicht bei Gericht. Der Antrag ist an die Geschäftsstelle zu richten. Die Staatsanwaltschaften und Prozessgegner sollen nach Möglichkeit auch Akteneinsicht erlauben, damit unsinnige Schwärzungen der Akte vermieden werden können (Datenschutz ist Täterschutz).

Die folgenden Az. sind von Verfahren des Verfassers.

Aktenzeichen (Az.) aus WEG – Verfahren des Verfassers:
Hinweise betreffend Justiz- und Polizeiterror sind den Akten zu entnehmen, korrupte Demokrazy.

Klage gegen Verwalter, Eigentümer zahlt über 4,5 Jahre kein Wohngeld, Schaden ca. € 35000
    AG Az.: 482 URII 926/03 WEG, § 18 Abs. 3 WEG
    LG Az.: 1 T 6235/04
    Spielbauer Klage verworfen, Eigentümer dürfen nicht

gegen den Verwalter klagen
BayObLG Az.: 2 Z BR 175/04
BVerfG Az.: AR 7414/04

Anlass für Novelle WEG 2007 (FGG → ZPO)
Bürgerfeindliche Gesetzgebung durch Affengleichheit
   ZPO Anwaltzwang (Maulkorb), Schutz des Verwalters
gegen Klagen, Verlierer trägt die Verfahrenskosten.
FGG kein Anwaltszwang, Verfahrenskostenselbstbehalt
von WEG und Kläger.

Wanddurchbruch, Stabilität des Hauses gefährdet
Verwalter und Beirat untätig
   AG München Az.: 482 URII 974/04 WEG:
   LG München I Az.: 1 T 1870/07:
Privatgutachter widerspricht öffentlich beeideten
Gutachter, bestellt durch Richter Spielbauer.
Kriminelle Machenschaften! Klage verworfen
   OLG München Az.: 32 Wx 067/08, Anhörungsrüge,
   OLG München Az.: 32 Wx 041/08, Sofortige weitere
   EGMR Beschwerde Az: 60624/08

Strafanzeige wegen Untreue des Verwalters
Desinteresse der Strafbehörden
   StA München Az.: 247-Js-130047/14;
   GStA München Az: 21 Zs 1909/14
   OLG – M Az.: 2 Ws 719 – 725/14 KL.
   BVerfG: Az: 2 BvR 2995/14, rechtshängig

Feststellungsklage, Vollmacht auf 25% beschränken

Einbau von Warmwasserzähler, etc.; = Richterablehnung
    Aktenzeichen AG München Az.: 482 C 30060/14;
    Klage verworfen, = RiAG URII 974/04 WEG
    Aktenzeichen LG München I Az.: 1 T 3816/15
    Rechtsbeschwer. verboten, = RiLG Az: 1 T 1870/07
OLG – M Az.: 32 W 566/15 WEG
Prozesskosten
LG München I Az.: 1 T 316/15
OLG – M Az.: 32 W 868/15
Aktenzeichen BGH Az.: V ZB 68/15, Notanwalt

Strafanzeige wegen **Untreue** des Verwalters (VW)
Eine Privatklage ist aus Kostengründen nicht möglich. Das
WEG n. F. schützt kriminelle Verwaltungen, siehe
HeizkostenV
Einbau von Warmwasserzählern gemäß HeizkostenV,
    Privatklage eingelegt Az.: 482 C 5347/17 WEG,
    Ri-in weigert sich den VW zu laden.
    Schaden > € 200 / jährlich wegen Flächenbezug
    Berufung nur durch Anwalt möglich (Kostenfalle).
    StA München I Az.: 247-Js-152258/18-2-;
    Falsches Gutachten des VW ist kein Tatnachweis.
    Desinteresse der StA, kein ermitteln von Amts wegen.
    Ermittlungsverfahren eingestellt.
    GStA München Az.: 201 Zs 141/19c, Beschwerde.
    abgelehnt. Kein Vorsatz durch falsches Gutachten des
    VW. Dies ist Rechtsbeugung! Der Rechtsstaat ist
    korrupt. Erzwingung der gerichtlichen Entscheidung
    nur durch Anwalt möglich (Abzocke).

OLG München Az.: 4 Ws 12/19 KL-4 Ws 13/19 KL
Beiordnung eines Notanwaltes wird abgelehnt. Der
Rechtsweg steht dem Verfasser nicht offen, GG Art 19.
Er hätte Beschwerde auf Anspruch des „rechtlichen
Gehörs" einlegen müssen, Az.: BVerfG –1 BvR 644/05
Az.: BVerfG – BvR 1162/19: Die Verfassungs-
Beschwerde wird nicht zur Entscheidung angenommen.
Dies bezeichnet Herzog als Griffelspitzerei.
Die fortgesetzte Untreue des VW ist nun **Betrug!**

Die Eigentümer haben einer Versicherung zum Schutz
der Verwaltungsbeiräte zugestimmt.
BVerfG Az.: 2 BvR 1162/19 Beschwerde anhängig.

Aktenzeichen (Az.) aus OWi / Strafbefehl gegen den Verfasser
Ein Tatort, 3 Vergehen angezeigt durch Polizisten
 AG – M Az.: 953 OWi 485 Js 140904/10 eingestellt.
 AG – M Az.: 1123 OWi 243 Js 145812/11 eingesperrt.
 OLG – Bamberg Az: 3 Ss OWi 1706/2011
Strafbefehl wegen angeblicher Beleidigung von Polizisten;
 Richter, Staatsanwälte, Polizisten und Pflichtverteidiger
 lügen!
 AG – M Az.: 841 Cs 243 Js 226205/10
 LG – M Az.: 24 Ns 243 Js 226205/10
 OLG – M Az.: 2 Ws 4/12 (Pflichtverteidiger)
 OLG – M Az.: 17 Ss 387/12 (GStA)
 OLG – M Az.: 5St RR (II) 275/12 (Sachrüge)
 LG – M Az.: 25 Ns 243 Js 226205/10
  Der Angeklagte (Verfasser) hat niemals der
  Verfahrenseinstellung zugestimmt,

siehe dazu § 153 StPO.
Zwei Ordnungswidrigkeiten, ein Tatort
Bußgeldbescheid D-8090-024293-13/4
AG – M Az.: 1125 OWi 243 Js 164395/13 eingestellt
AG – M Az.: 944 OWi 416 Js 185148/13 eingestellt

<u>Aktenzeichen (Az.) aus Verfahren gegen Handwerker sowie
Anwalt wegen verursachtem Versäumnisurteil</u>
Schaden ca. € 50Tsd. ????
Die Mängelbeseitigung (Pfusch) wird von den Handwerkern,
meist GmbHs, nur zum Schein (guter Wille ist Erpressung →
schmeißt hin) angeboten, damit vor Gericht behauptet werden
kann der Bauherr hätte dies abgelehnt.
Architekten sind abgehobene Künstler und missachten die
Werkpläne des Verfassers Jedoch sollte lt. Architekt gemäß
Werkplan des Verfassers gebaut werden. Der Kreisbaumeister
(KBM) macht eigenen Werkplan und verhindert Besprechung
Eingabeplan / Werkplan des Verfassers.
LG – M-II Az.: 5 O 5841/15 Bau: Güteverhandlung
Ri´in schmeißt hin (erste Richterstelle) und
wird Staatsanwältin
Ri´in neu: Termin der Hauptverhandlung mehrmals
verschoben. Anwalt weigert sich Ri´neu aufzufordern die
Urkunden gemäß § 421 ZPO anzufordern. Anwalt besteht auf
seinem Weisungsrecht (Wichtiger Grund als affige
Generalklausel), Mandatskündigung weil das
Vertrauen gestört wäre. Es ist der Anwalt der das
Vertrauen zu seinem Mandanten zerstört. Ri´neu
bestimmt keinen Notanwalt, trotz 7 Ablehnungen.
Notanwalt Honorar nach RVG ist zu gering!

OLG M 7 Az.: 28 W1060/17: Ri´in Rechtsbeschwerde
wird nicht zugelassen. Eine Krähe hackt der anderen
kein Auge aus!
Versäumnisurteil !! durch Ri´in neu
BVerfG Az.: 2 BvR 1800/17: 2 Senat, 3 Richter. Die
Verfassungsbeschwerde wird nicht zur Entscheidung
angenommen.

Anwaltsuche wegen Mandatskündigung um Verfahren zum
LG – M I einzulegen. Keine Beratung erwünscht. Honorar €
1706,94 für ersten Rechtszug. Nun weigert sich der Anwalt
seinen Pflichten nachzukommen. Er will als Berater kassieren,
siehe § 34 Abs. 1 RVG. Schlichtungsverfahren durch
Rechtsanwaltskammer München und Bundesrechtsanwalts-
kammer abgelehnt. Eine Krähe hackt der anderen kein Auge
aus!
AG – M Az.: 233 C 23434/18
LG M I Az.: 30 S 8051/19 **Berufung / Notanwalt**
OLG München Az.: 15 W 982/19 Rae
BGH Az.: IX ZB 87/19
Frist und formgerecht wurde gemäß § 78a ZPO
Beschwerde eingelegt. Trotzdem wird der Rechtsweg
dem Beschwerdeführer verweigert, Art. 19 IV GG.
BVerfG Az.: 1 BvR 801/20, Beschwerde verworfen.
AG – M Az.: 23434/18, Gebührensatz Nr. 3200 falsch,
Abzocke durch Anwalt, RVG Nr. 3203 (0,5 statt 1,6).
Widerspruch eingelegt, anhängig.

Feststellungsklage wegen Missachtung der GMO
Einstimmigkeit ist zwingend, Haftpflichtversicherung für VB

Beschluss ist nichtig.
    AG – M Az.: 482 C 7103 / 19 WEG, anhängig.
    Entscheidung im schriftlichen Verfahren abgelehnt.
    Verhandlungstermin wegen Corona Virus unbestimmt.

Schlussfolgerung: Die Gesetze werden von den
    Gerichten nicht exekutiert (durchgesetzt).
    Rechtsbeugung ist nicht die Ausnahme sondern die
    Regel, siehe § 339 StGB. Soll heißen die Gerichte sind
    korrupt. Interessierte Bürger sollen sich die Akte
    in der Geschäftstelle vorlegen lassen.

Aktenzeichen (Az) aus Verwaltungsverfahren gegen Gemeinde:
„Wasseranschluss mangelhaft"
    VG – M Az.: M 10 K 18.3194, Verpflichtungsklage
    VG – M Az.: M 10 E 18.3775, Eilantrag
    Eilantrag hat keinen Erfolg, wegen Gefälligkeitsgut-
    achten durch Handwerker.
    Mangelhafter Wasseranschluss beseitigt, VG-Beschluss

Aktenzeichen (Az.) aus Zivilverfahren gegen eine bayrische
Versicherung wegen Schadensfreiheit Klasse Rückstufung (SF)
    AG München Az.: 322 C 16014/21
    SF um 10 Stufen zurück. Die Versicherung zahlte wegen
    Scheingutachten € 2306 (Regulierungsvollmacht AKB).
    Der Kläger hat am Parkplatz das Auto des Anzeige-
    erstatters nicht beschädigt.
    LG M I 23 S 6448/22 Rechtsbehelfsbelehrung,
        Rechtsbeschwerde zum BGH zugelassen.
    BGH Az.: IV ZA 16/22, Beschwerde anhängig.

Begründung: Verfahren an eine andere Kammer zurück-
verweisen, hilfsweise Restitutionsklage § 580 ZPO.

Aktenzeichen (Az.) Strafanzeige gegen die Hausverwaltung
wegen gemeingefährlicher Straftat, § 223, 303 und § 316 StGB.
StA München I Az.: 252-Js-100854/23
Begründung:
Pflichtverletzung der Hausverwaltung, Zählerraum
nicht abgesperrt. Leitung der Masse ($\stackrel{\perp}{=}$) wurde unter-
brochen, Störung des Stromsystems. Null Leiter hat
Spannung bis 400 Volt.
Alle E-Geräte kaputt, wie Kühlschrank, Waschma-
maschine, Fernseher, Rechner, sowie alle Lebensmittel kaputt, etc.

Hinweis von Roman Herzog BVerfG Präsident a. D.
Ein Staat der sich selbst nicht ernst nimmt, ist korrupt.

Ende